SUSURROS DE ESPERANZA

Dic. 2018

Luz:
Deseo que este
devocional sea
de edificación y
fortaleza espiritual
para tu vida.
Con amor, Adriana

Salmos 20

Este libro ha sido de gran bendición.
He aprendido a amar la Palabra y
a exhaltar al único al Señor de
la vida al omnipotente omnisciente
omnipresente te alabo señor
Bendito Eres
March 27/2019

Sigue Bendiciendo la hermana
Beth. y a todas los que nos
Motivan a orar.

SUSURROS DE
ESPERANZA

DIEZ SEMANAS DE ORACIÓN DEVOCIONAL

Beth Moore

ISBN 978-1-4336-8595-8

Publicado por B&H Publishing Group
Nashville, Tennessee 37234
www.BHEspanol.com

Publicado originalmente en inglés con el título
Whispers of Hope — 10 Weeks of Devotional Prayer
Copyright © 2013 por Beth Moore

Traducción al español: Cecilia Romanenghi

Impreso en EE.UU.
1 2 3 4 5 * 18 17 16 15

Radiante estrella de la mañana,
Broche de diamantes de Dios
En la noche más oscura

Susurras esperanza
Detrás de un manto de misericordia,
"¡El día ya amaneció!"

¡Sacude la somnolencia!
Por el sueño no verás
La aurora pintada para ti.

Sal de una vez, oh estrella
Lejana no estarás
Y haz brillar tu luz en mí.

—Beth Moore

Para Amanda y Melissa

Cuando era niña, lo que más deseaba en el mundo era convertirme en
«mamá». Gracias por todos los sueños que hicieron realidad. Mi mayor deseo
para sus vidas es que caminen a diario con Dios. Él ha sido mi pasión. Que esto
y mucho más conforme su herencia.

Las amo más de lo que puedo expresar,
Mamá

INTRODUCCIÓN

Me honra que hayas decidido unirte a mí en esta odisea de oración de diez semanas. Para la mujer cristiana, no existe prioridad superior que la de conocer a Cristo a través del estudio de Su Palabra y la intimidad de la oración. Le pido a Dios que te conceda el deseo de comprometerte con estos 70 días de oración constante. Estimo que la mayoría podrá completar el formato diario en 30 ó 40 minutos. Tú escoges el momento del día para hacer tu lectura diaria y para escribir en tu diario, pero con todo mi corazón, creo que este formato será más efectivo si lo usas al comienzo de la mañana.

El propósito de estas páginas es ayudarte a formar un hábito de oración. Si pierdes un día o dos, ¡no te sientas derrotada ni abandones! Simplemente, retoma cuanto antes. Tengo la esperanza de que los momentos que le dediques a este diario te abrirán la línea de comunicación con Dios durante todo el día. Recuerda que «amén» no significa «el final», sino «¡que así sea!».

En Susurros de esperanza, encontrarás tres características:

- Setenta devocionales diarios: completos con la asignación de una breve lectura bíblica, un versículo para el día y pensamientos para reflexionar.
- Una guía de oración diaria: Al final de cada devocional, encontrarás un formato de oración para registrar tus peticiones. Por favor, lee atentamente las instrucciones a continuación, tituladas «Setenta días de alabanza» para comprender el enfoque.
- Registro de respuestas: Las páginas 217-218 están destinadas a las respuestas a la oración. Dios es sumamente fiel, y registrar las respuestas que parecen llegar rápidamente te ayudará a tener más paciencia mientras esperas las otras. Al anotarlas, aumentará tu conciencia de la bondad de Dios y tu corazón se llenará de gratitud.

Amadas: ¡LAS VIDAS DE ORACIÓN SON VIDAS PODEROSAS! Que Dios nos enseñe a orar (Lucas 11:1) y que estemos dispuestas a aprender. Oro intensamente para que estas páginas te ayuden a descubrir una provisión fresca de misericordia cada mañana, pero más aun, que puedas descubrir al Dador de la misericordia.

¡Setenta días de ALABANZA!

Algunas veces, un formato puede ayudarnos a organizar los pensamientos, en especial en el tiempo de oración matutino, cuando recién nos levantamos. Te pido que consideres la posibilidad de adoptar este formato para tu tiempo de oración durante las próximas diez semanas. El formato guiará tus anotaciones en el diario cada día. Confío en que Dios le dará un carácter particular al uso de este instructivo de acuerdo a Su deseo para tu vida personal.

Estoy segura de dos cosas: las vidas sin oración son vidas sin poder y las vidas con oración son vidas poderosas. Dios hará sobreabundar bendiciones sobre tu vida; puedes contar con Él. ¡No te preocupes por tratar de llenar el espacio en tus hojas de oración! Dios honrará lo que escribes desde el corazón. ¡Disfruta al Señor! ¡Deja que se convierta en tu deleite!

Para que sea sencillo memorizarlo, dividí este formato en seis pasos fáciles de recordar:

Alabanza: Comienza tu tiempo de oración matutino con alabanza. El Salmo 22:3 nos dice que Dios habita en la alabanza de Su pueblo. La oración sincera de tu corazón invitará al Señor a acercar Su silla para convertirse en tu audiencia. Podrías repetirle algunos de Sus atributos registrados en la Palabra. ¡Dile quién es! Dios ya lo sabe, pero desea asegurarse de que nosotras lo sabemos.

Alabar a Dios nos ayuda a recordar que es absolutamente capaz de hacer todo lo que le pidamos o pensemos de acuerdo a Su voluntad. ¡Dile lo grande que es y por qué piensas que es así! Puedes repetir las palabras de un himno o de un coro de adoración. No intentes encajar en un molde; simplemente alábalo con el corazón.

Arrepentimiento: Luego de dedicar varios minutos a la alabanza y la adoración, entra en un tiempo de confesión y arrepentimiento.

Enseño esta secuencia porque, en Mateo 6:9,12, Cristo les enseñó a los discípulos a «santificar» primero el nombre de Dios y luego, a pedir perdón por el pecado. Sin embargo, he pasado por momentos en que mi corazón estaba demasiado lleno de pecado y de convicción como para comenzar con alabanza. Es probable que a ti también te haya sucedido. Algunas veces, según Isaías 59:1-2, quizás necesites comenzar tu tiempo de oración con arrepentimiento en lugar de alabanza. El pasaje de Isaías indica que, cuando nos hemos rebelado contra Dios, lo único que Él quiere oír es arrepentimiento. La oración de David en el Salmo 51 es un ejemplo. Su vida había estado tan llena de pecado que su oración de arrepentimiento simplemente comenzó con las palabras: «Ten compasión de mí, oh Dios». A medida que aumenta tu sensibilidad al Espíritu Santo, discernirás momentos en que tu vida de oración necesita comenzar con arrepentimiento en lugar de alabanza. Tu corazón se sentirá cargado por el pecado y ansioso de recibir alivio. ¡SEA COMO SEA, practica un tiempo de confesión y arrepentimiento A DIARIO! Cuando permitimos que Dios trate nuestros problemas en las etapas tempranas, obtenemos victoria sobre el pecado. No permitas que nada se acumule. Confiesa pecados que radican en los pensamientos, como malas motivaciones, negativismo, un espíritu crítico e incluso palabras correctas pero con una mala actitud. Deja que Dios atrape estas cosas en las primeras etapas, de modo que podamos ser personas llenas del Espíritu TODOS LOS DÍAS. Recuerda, lo único más blanco que la nieve es un hijo de Dios recién lavado (Sal. 51:7).

Reconocimiento: Una vez que has alabado al Señor y que Él te ha purificado, sométete a la autoridad de Dios. Reconoce Su derecho a gobernar y reinar en tu vida todos los días. Luego, voluntaria y DELIBERADAMENTE, sométete a Su señorío, DÍA A DÍA. Un día que no se rinde a la autoridad del Espíritu Santo se vive automáticamente en la carne (ver Gál. 5). Reconocer la autoridad específica de Dios

sobre tu vida personal no es lo mismo que alabar. Podemos alabar al Señor todo el día con nuestros labios sin rendirnos deliberadamente a Su señorío sobre nuestros corazones. Por lo general, en esta parte de mi tiempo de oración, reconozco lo confiable que ha sido respecto a Su autoridad en mi vida. Recuerdo que jamás me ha guiado mal y que me pide que me someta a Él por MI BIEN... no el suyo. Puedes usar las palabras que quieras, pero te insto a que lo reconozcas específicamente como Señor; expresa tu decisión de doblar la rodilla ante Él. También puedes pedirle que, de inmediato, te haga consciente cuando te estés apartando de Su autoridad. Reconoce la bondad de Dios para ti en el pasado y agradécele por Su fidelidad durante los tiempos en que le has permitido ser el indiscutido Señor de tu vida. Este es un paso muy importante. ¡Por favor, no lo pases por alto!

Intercesión: ¡Ora por otros! Me abruma la cantidad de gente que necesita oración. ¡La lista es interminable! Si tienes una lista de oración larga, puedes dividirla en los días de la semana. Es probable que oremos más efectivamente por 5 ó 10 necesidades por día que por 50. Pídele a Dios que ponga carga en tu corazón por las personas específicas por las que Él desea que intercedas cada día. ¡La oración intercesora verdaderamente da resultado! Un consejo: ¡ahorramos tiempo cuando no le decimos a Dios cómo responder la oración! Él no necesita nuestra lista de soluciones. Cuando María, la madre de Cristo, se dirigió a Él con una petición en Juan 2:3, simplemente expuso la necesidad. Sabía que era Dios. ¿Quién podría estar más calificado para analizar el problema y aplicar la solución?

Súplica por mí misma: Ahora entra en un tiempo de oración por ti misma. Estoy absolutamente en desacuerdo con quienes dicen que no deberíamos orar por nosotras mismas y con los que nos hacen sentir egoístas si lo hacemos. Dios nos ha llamado a amarlo, servirlo y llevar vidas santas. ¡Necesito ayuda para vivir de esa manera! Solo podemos conocerlo íntimamente cuando le traemos nuestros pensamientos, temores, heridas, logros, pérdidas y deseos más profundos. Este es un tiempo en el que solo hablo con Él. Le pido que me dé un corazón para amarlo más y que, con la seguridad de Su amor, llene todo lugar vacío o con impedimentos en mi corazón. Converso con Él sobre mis tendencias y sobre cualquier debilidad que experimente. Le cuento mis necesidades y deseos. Uso este tiempo como un momento muy personal entre nosotros dos. Espero que hagas lo mismo. Derrama tu corazón delante de Él porque Dios es nuestro refugio (Sal. 62:8).

Capacitación: La súplica por nosotras mismas nos ayuda a CONOCER a Dios; este paso es útil a medida que crecemos en nuestra capacidad para SERVIR a Dios. Concluye tu tiempo de oración pidiéndole al Señor que te capacite en todo aspecto, para tener un día victorioso. Estás limpia y preparada para que Él habite plenamente en ti; por tanto, pídele que te llene con Su Espíritu, que sea «notable» en ti y que te dé la victoria sobre el maligno. Pídele que te dé ojos para «verlo» y oídos sensibles para «escucharlo»; que te dé la capacidad de responder cuando te abre una puerta de oportunidad. ¡Pídele que te dé poder para testificar mientras Él te guía! Invítalo a equiparte con el poder celestial, con una doble porción del Espíritu Santo. «¡Cuánto más el Padre celestial dará el Espíritu Santo a quienes se lo pidan!». ¡PÍDELE TODO! Que Dios nos envuelva con Sus brazos eternos algún día en la gloria y diga: «Esta hija se entregó completamente a mí».

¿Y la acción de gracias?

Filipenses 4:6 declara: «No se inquieten por nada; más bien, en toda ocasión, con oración y ruego, presenten sus peticiones a Dios y denle gracias». Incorpora la acción de gracias en todo aspecto de tu tiempo de oración. Mientras ALABAS al Señor, dale gracias por haber decidido revelarse a ti. Al ARREPENTIRTE, agradécele por Su fidelidad para perdonar tus pecados. Cuando RECONOZCAS Su señorío, expresa tu gratitud por ser tan confiable en Su autoridad. Mientras INTERCEDES, dale gracias por ser tu Gran Sumo Sacerdote y por añadirle poder a tus peticiones. En tu momento de SÚPLICA por ti misma, agradécele por conocerte íntimamente y desear que lo conozcas. Cuando ores para que te CAPACITE, dale gracias porque jamás te pide algo sin estar dispuesto a equiparte de modo que lo logres. ¡En TODO, DALE GRACIAS!

DÍA 1

«Dios, en el principio, creó los cielos y la tierra [...]. Y Dios consideró que esto era bueno.»
Génesis 1:1,25

Lectura bíblica: Génesis 1:1-27; 2:1-3

Dios dejó registrada Su Palabra a través de la pluma de hombres inspirados, principalmente por una razón: hablarnos sobre sí mismo. En los primeros trazos, demostró algo sumamente importante entre Sus atributos: es CREATIVO; y antes de que la tinta de la primera oración pudiera secarse, Dios reveló algo más: es ORDENADO.

Solo Dios podía combinar la absoluta creatividad con el completo orden. Algunas tenemos la frescura de la creatividad y otras, por ventura, son ordenadas; pero casi nunca podemos juntar las dos características. Sin embargo, si prevalece la sabiduría, con el tiempo descubrimos que nos necesitamos unos a otros, porque de lo contrario, nuestras distintas contribuciones quedan desequilibradas e incompletas.

No obstante, Dios no necesitó a nadie para que lo completara. Creó los cielos y la Tierra sencillamente porque quería hacerlo. Luego, miró Su perfecta mezcla de creatividad y orden, y dijo: «Esto es bueno, muy bueno por cierto». Dios sigue considerando que una mezcla de creatividad y orden es una manera efectiva de trabajar con nosotras. Si eres Su hija, Dios opera en tu vida de manera creativa y a la vez ordenada. Desea ser completamente creativo contigo. ¿Le permites esa libertad?

Tal vez, en este momento, lo que Dios hace en tu vida puede parecerte sin sentido, pero no es porque Él sea absurdo. Es creativo. Dios quiere que nos sometamos a Su voluntad, pero tendemos a querer un bosquejo de Sus propósitos, para poder decidir si nos rendimos o no. En Juan 21:21, luego de que Cristo permitiera que Pedro vislumbrara su futuro, el discípulo le hizo una pregunta acorde con la naturaleza humana: «Señor, ¿y éste, qué?». Al igual que a nosotras, la igualdad le brindaba a Pedro una extraña sensación de seguridad. Al buscar tu llamado, ¿intentas encontrar a alguien que Él esté usando exactamente del mismo modo? ¡Detente! De los 6000 millones de personas en este planeta, es probable que esa persona no exista, porque Dios es creativo.

Algunos pueden sentirse fácilmente identificados con la variedad en el plan de Dios. Prosperamos en la creatividad. La uniformidad nos aburre, pero aun así, necesitamos la seguridad confiable que Dios ofrece. La creatividad por sí sola genera caos. Nuestro Dios perfectamente equilibrado también es ordenado, y tiene un plan diario para nuestra vida. Por eso es tan importante reunirnos con Él (ya lo adivinaste) día a día.

Si hubieras sido una espectadora durante los primeros tres días de la creación, es probable que no te hubiera parecido buena. ¿Para qué sirven las plantas que den semillas sin un sol para la fotosíntesis? En Su sabiduría, Dios sabía que la obra era buena porque conocía lo que vendría a continuación. Él sabe lo que viene en tu vida; por eso puede juzgar Su obra en ti como buena. Dale lugar para que sea completamente creativo. Encuéntrate con Él a diario mientras despliega Su plan en perfecto orden. Es un experto en lo que hace.

Toma unos momentos para pensar en razones para alabar a nuestro Dios creativo y ordenado. Luego, eleva esas alabanzas a Él en una actitud de acción de gracias.

Alabanza:

....

....

....

....

Arrepentimiento:

....

....

....

....

Reconocimiento:

....

....

....

....

Intercesión:

....

....

....

....

Súplica por mí misma:

....

....

....

....

Capacitación:

....

....

....

....

DÍA 2

«Enemiga mía, no te alegres de mi mal. Caí, pero he de levantarme; vivo en tinieblas, pero el Señor es mi luz.» Miqueas 7:8

Lectura bíblica: Miqueas 7:8-10

Algunas veces, nuestro alejamiento de Dios es resultado de una desobediencia deliberada y del pecado premeditado (los pecados deliberados que prácticamente agendamos en nuestros calendarios). Todas hemos experimentado momentos en que sabíamos que estábamos a punto de hacer o decir algo que era un pecado deliberado y arrogante. Todas lo hemos hecho, y no es nada agradable. «Caer» en pecado es algo que se desarrolla en un escenario diferente. Aunque yerra el blanco de la misma manera y requiere el mismo arrepentimiento y perdón, caer en pecado no es desobediencia deliberada. En Miqueas 7:8, la palabra *caí* proviene del término hebreo *naphal*. El diccionario hebreo afirma: «La idea principal detrás de esta raíz es una circunstancia o evento violento o accidental».[1]

Tengo una cicatriz en la rodilla por haberme caído sobre el cemento roto mientras trotaba una mañana. No me arrojé a propósito sobre el cemento; sin embargo, la caída fue mi culpa, porque tendría que haber mirado por dónde iba. Mientras me sacudía las manos y las rodillas, me sentí tonta y, francamente, al borde de las lágrimas. Mientras la sangre chorreaba hacia mi calcetín, una mujer que pasaba me preguntó si podía llevarme a casa. Me rehusé porque era demasiado orgullosa como para permitírselo. Avergonzada, volví rengueando a casa.

Sin duda, he cometido pecados premeditados, pero también he «caído» en pecado. Al andar trotando por la vida cristiana, me distraje con el paisaje, creí que tenía las cosas bajo control, dejé de mirar por dónde iba y ¡paf!, caí en pecado.

La caída en pecado es una invitación única para el enemigo. Cuando participamos en el pecado deliberado, lo único que hace Satanás es alentarnos; pero cuando «caemos», siembra la culpa y se regodea con nosotras. Nos hace sentir tontas, porque pensamos que estábamos avanzando. Cuando lo echamos todo a perder, el enemigo constantemente intenta reforzar nuestro peor temor: somos un fracaso y nunca vamos a hacer bien las cosas. La vergüenza es casi instantánea.

Cuando caemos, debemos levantarnos, permitir que Dios nos lleve de inmediato a casa y vende nuestras heridas de necedad. Tenemos que decidir si le daremos lugar al juego de la culpa o si lo evadiremos. Si nos negamos a permitir que el enemigo se regodee con nosotras, nuestras caídas se tornarán menos violentas y serán más esporádicas; solo serán un traspié.

¿El recuerdo de alguna mala caída todavía te persigue? En lugar de permitir que el enemigo continúe riéndose de ti, permite que Dios te guíe. Ten las agallas suficientes como para decir: «Enemiga mía, no te alegres de mi mal. Caí, pero he de levantarme; vivo en tinieblas, pero el Señor es mi luz».

La misión de Satanás es hacernos zancadillas. Tengo una cicatriz física que me recuerda todos los días una realidad espiritual. Por favor, no esperes a tener una cicatriz para aprender la lección. No quites tus ojos del camino, por más veces que lo hayas transitado. Mira a Aquel «que puede guardar[nos] para que no caiga[mos]» (Judas 24).

Alabanza:

....

....

....

....

Arrepentimiento:

....

....

....

....

Reconocimiento:

....

....

....

....

Intercesión:

....

....

....

....

Súplica por mí misma:

....

....

....

....

Capacitación:

....

....

....

....

DÍA 3

«Luego dijeron: "Construyamos una ciudad con una torre que llegue hasta el cielo. De ese modo nos haremos famosos y evitaremos ser dispersados por toda la tierra."» Génesis 11:4

Lectura bíblica: Génesis 11:1-9

A veces, los seres humanos tememos que Dios trate de engañarnos. El mandamiento divino de llenar la Tierra con nuestra descendencia (Gén. 9:1) fue una bendición, no una maldición. Dios les quiso mostrar a nuestros ancestros los espaciosos lugares que había creado para ellos.

Nuevamente, pensamos que trataba de engañarnos cuando nos hizo conocer Su intención de glorificar Su nombre. Queríamos nuestro propio nombre. La torre de Babel fue el resultado de seres humanos que querían hacerse conocidos por sus obras. Nuestro intento de construir «una torre que llegue hasta el cielo» fue un modo de plantar nuestros pies con osadía en el terreno de Dios. Entendimos mal: toda la creación es terreno de Dios. Casi puedo imaginar a la Santa Trinidad con el ceño fruncido, mirando atentamente nuestros esfuerzos por construir la torre. Si no fuera porque nuestras acciones fueron tan irritantes y rebeldes, la escena tal vez habría sido cómica.

¿La respuesta de Dios? «Si son tan tontos y egocéntricos, son capaces de cualquier cosa».

Ladrillo tras ladrillo, los seres humanos procuramos determinar nuestra propia suerte. Pero, a pesar de todos nuestros esfuerzos, nunca impusimos nuestra voluntad sobre la de Dios, sino que Él la impuso sobre nosotras.

«Vamos, bajemos». El Padre, el Hijo y el Espíritu Santo se prepararon y descendieron. ¡Qué escena! Imagina: «De esta manera el Señor los dispersó desde allí por toda la tierra». Experimentaron la primera lección de planes trastornados.

Hoy en día, la gente sigue rebelándose contra Dios e insiste en hacerse un nombre para sí. Las muchas personas que han intentado escalar el monte Everest nos proporcionan una parábola moderna. Gastan fortunas, sufren toda clase de enfermedades, arriesgan relaciones y ponen en peligro la vida. Experimentan un nivel de frío que ninguna persona promedio puede imaginar para caminar trabajosamente en medio de cuerpos congelados. Pero ¿sabes qué me desconcierta más? Si llegan a la cima, ni siquiera pueden disfrutar de la emoción de la victoria. Les late la cabeza. Están desorientados. Los pulmones están a punto de colapsar. Sufren la ceguera de la nieve. Se paran en lo alto del famoso monte Everest durante cinco minutos y comienzan un descenso apresurado mientras puedan respirar. ¿Por qué lo hacen? Por el mero logro de escalar el pico más alto de la Tierra, y la fama que lo acompaña. Irónicamente, para cuando pueden alcanzar la meta, la mayoría ni siquiera puede recordar su nombre.

Se parece bastante a la torre de Babel, ¿no es cierto? Los seres humanos queremos hacernos un nombre por nuestra cuenta. Si tan solo comprendiéramos que, cuando dedicamos nuestra vida a la gloria de Dios, nuestra existencia en el planeta Tierra deja marcas, huellas eternas.

Los que rechazan a Dios tienen algo en común: el derecho de cada persona de hacerse un nombre para sí. Se pierden el privilegio más glorioso de todos: llevar el nombre inigualable de Jesús. Y ante Su nombre... toda rodilla se doblará.

Alabanza:

....

....

....

....

Arrepentimiento:

....

....

....

Reconocimiento:

....

....

....

....

Intercesión:

....

....

....

....

Súplica por mí misma:

....

....

....

....

Capacitación:

....

....

....

....

....

DÍA 4

«Envió su palabra para sanarlos, y así los rescató del sepulcro.» Salmo 107:20

Lectura bíblica: Salmo 107:10-21

El salmo no refleja los estragos de una enfermedad física ni la restauración para recuperarse. En este texto, Dios envió Su Palabra para sanar una enfermedad diferente: la rebelión contra Él y el rechazo de Su consejo. En el intento de liberarse de Su autoridad, el pueblo de Dios quedó prisionero con cadenas de hierro. El Salmo 107:20 hace una de las declaraciones más importantes sobre la sanidad en toda la Escritura. La Palabra de Dios es Su agente sanador primario. El pueblo del Señor era esclavo porque se había rebelado y había rechazado Su consejo. Sufría debido a su carencia de lo único que podía sanarlo: la Palabra de Dios.

Muchas necesitamos urgentemente el poder sanador de la Palabra de Dios. La Escritura es la Palabra escrita que nos revela la Palabra viva que puede liberarnos.

Algunas veces, actuamos como si la rebelión fuera solo drogas, infidelidad o completa apostasía, pero la definición bíblica es sencillamente rechazar el consejo de Dios. Isaías 50:5 afirma: «El Señor omnipotente me ha abierto los oídos, y no he sido rebelde ni me he vuelto atrás». Presta atención a sus palabras: «no he sido rebelde ni me he vuelto atrás». Rebelión es ignorar la Palabra de Dios. Podemos asistir a la iglesia domingo tras domingo y aún así rebelarnos contra Dios. Si seguimos buscando respuestas en otras partes y no tomamos en serio la Palabra del Señor, nos encontramos en un estado de rebelión.

He experimentado esta clase de rebeldía. Al comienzo de la edad adulta, mi corazón necesitaba sanidad. Conocía a Dios. Lo servía, pero sufría con un anhelo de liberación; SIN EMBARGO, nunca consideraba Su Palabra como la cura para mi enfermedad. Afortunadamente, en mi creciente deseo de agradar al Padre, me di cuenta de que no albergaba amor por Su Palabra. Comencé a pedirle que desarrollara esta clase de amor dentro de mí. A medida que lo hizo, me sucedió algo que jamás había esperado. Mi corazón comenzó a sanar. Sabía que estaba más saludable; lo sentía. No comencé a estudiar la Palabra de Dios para estar plena, pero pronto descubrí que, cuanto más buscaba Su consejo, más me sanaba. El proceso continúa hoy, y he obtenido mucho más que salud. He ganado una profunda relación de amor con el Sanador.

Por favor, escucha mi corazón. La sanidad se encuentra en la Palabra de Dios; no meramente en buscar sanidad, sino en buscarlo a Él. Podemos ser hijas del Dios vivo y seguir sentadas «en las más densas tinieblas», «afligidas y encadenadas», porque rechazamos Su consejo. El escritor del Salmo 119 testificó sobre el poder sanador de la Palabra de Dios. «Si tus enseñanzas no me hubieran sostenido con alegría, ya habría muerto en mi sufrimiento» (v. 92). Solo Dios puede liberarte. Su Palabra puede deshacer las cadenas en tus muñecas.

¿Hay algún área en tu vida que necesite sanidad? ¿Tal vez una vida indisciplinada, una herida infectada o una adicción que te ata? Escríbelo. Cuéntaselo al gran Médico; y luego recurre a la Palabra de Dios para ser sana.

Alabanza:

....

....

....

....

Arrepentimiento:

....

....

....

....

Reconocimiento:

....

....

....

....

....

Intercesión:

....
....
....

Súplica por mí misma:

....
....
....

Capacitación:

....
....
....
....

DÍA 5

«Por esto te digo: si ella ha amado mucho, es que sus muchos pecados le han sido perdonados. Pero a quien poco se le perdona, poco ama.» Lucas 7:47

Lectura bíblica: Lucas 7:36-50

Lucas 7 nos invita a cenar en la mesa del contraste. Vemos a Cristo con dos personas, ambas amadas por igual por Aquel que envió a Su Hijo a cenar aquella noche.

Primero, nos sentamos frente al fariseo. Procura no estereotiparlo; muchos fariseos eran hombres de Dios devotamente rectos. Algunos eran hipócritas, pero otros eran genuinos y luchaban desesperadamente por guardar la ley. El fariseo que invitó a Cristo a cenar poseía un vasto conocimiento de la Escritura. Habría podido recitar cientos de versículos, y discutir sobre todos los temas del Antiguo Testamento con inteligencia y confianza. Otorguémosle el beneficio de la duda y supongamos que era un hombre bueno (y probablemente curioso).

El anfitrión y su invitado casi no tuvieron tiempo para saludarse y ponerse cómodos antes de que una intrusa se hiciera presente. El dueño de casa estaba escandalizado de que una mujer de la calle hubiera entrado en su hogar. ¡Imagina su vergüenza cuando la que no había sido invitada se arrodilló, lloró sobre los pies de Cristo y los ungió con perfume!

Luego de dictar un veredicto mental de «culpable», el fariseo también puso en tela de juicio a Cristo. Su juicio fue: «Si este hombre fuera profeta, sabría quién es la que lo está tocando, y qué clase de mujer es: una pecadora» (Lucas 7:39).

Me pregunto si tan solo una vez el fariseo habrá usado el término «pecador» para describirse a sí mismo. Para un hombre que llevaba una vida recta, esta palabra nunca se aplicaba a él; siempre a los demás. No podía comprender las acciones pecaminosas de la mujer, porque no podía entender la profundidad de su amor. Él tenía todo lo necesario para ofrecerle a Cristo aquella noche: un historial impecable, conocimiento y una conversación estimulante, pero no tenía amor. Ella no tenía nada que ofrecerle a Cristo, más que un historial terrible. Casi con seguridad era analfabeta y no podía hablar por lo acongojada que estaba. Pero tenía amor.

Podríamos interpretar este encuentro llegando a la conclusión de que, cuanto más pecamos, más amaremos a Jesús, pero esto apoyaría una vida depravada como la clave de un amor intenso. ¡De ninguna manera! El profundo amor de la mujer no emanaba del profundo pecado, sino del inmenso perdón. El nivel de intimidad que requería su arrepentimiento la hizo caer a las profundidades del amor. El fariseo también era pecador, pero estaba cegado por el orgullo y anulado por su santurronería.

La misericordia de Dios no hace que el pecado sea tolerable, sino perdonable. El orgulloso y el depravado deben arrodillarse por igual a los mismos pies para recibir misericordia. Cuando estamos dispuestas, Dios convierte la cisterna vacía de pecado en una profunda fuente que desborda de amor.

¿Hay algo en tu vida que te parece que Dios no puede perdonar? Tal vez no puedes perdonarte a ti misma. Abre tu corazón al amor perdonador y redentor de Dios. Él puede perdonarte, y lo hará si se lo pides. Su palabra lo declara.

17

Alabanza:

....

....

....

....

Arrepentimiento:

....

....

....

....

Reconocimiento:

....

....

....

....

....

Intercesión:

....

....

....

Súplica por mí misma:

....

....

....

Capacitación:

....

....

....

....

DÍA 6

«Los chismes son como ricos bocados: se deslizan hasta las entrañas.» Proverbios 26:22

Lectura bíblica: Proverbios 11:13; 16:28; 26:20-28

Casi todas estamos de acuerdo en que el chisme es malo, pero sin embargo nos encanta; queremos enterarnos. Casi nos caemos de la silla por estirarnos para oír. Gastamos fortunas en revistas que los publican. Sabemos que Dios desea que evitemos el chisme, pero nos arrastra como los caballos salvajes arrastran un carro. Identifiquemos algunos de esos caballos salvajes. ¿Qué nos lleva al chisme?

El aburrimiento. Nada apela a los sentidos como una novela televisiva. Nuestras vidas personales suelen ser rutinarias. Necesitamos un poco de emoción, y la vida de otro puede proporcionarla temporalmente.

La curiosidad. Dios nos creó curiosas, de modo que podamos procurar el conocimiento y crecer. Escuchar chismes es una falsificación del deseo de conocimiento dado por Dios.

Los celos. Disfrutamos de manera especial del chisme si tiene que ver con alguien a quien envidiamos. Cuando permitimos que la carne nos controle, es más probable que disfrutemos de oír que a una persona a quien envidiamos le va peor que a nosotras. Hasta es probable que la noticia nos haga sentir mejor respecto a nosotras mismas.

La compañía. A la miseria le encanta la compañía. «¡Bueno, al menos no soy la única cuya familia es un desastre!».

La importancia. A veces, nos gusta que los otros crean que sabemos. Podemos intentar impresionar a los demás con nuestro vasto conocimiento.

«Preocupación» mal orientada. Algunas veces, compartimos información confidencial en nombre de la «preocupación». Todas hemos experimentado situaciones, e incluso tal vez participado de ellas, donde el chisme se disfrazó con un sombrero y unos guantes llamados «pedido de oración».

Repasa la lista de los impulsos que alimentan el chisme, y determina cuál es el más y el menos poderoso en tu vida. Reflexiona sobre los ambientes donde te sientes más tentada a chismear. Detente ahora y pídele a Dios que te perdone por las veces en que has participado del chisme y que te mantenga alerta a sus posibles trampas.

Todas hemos sido culpables de chisme, pero ¿qué hacemos con un conjunto de lenguas ansiosas? ¡Podemos permitirle a Dios que dome esos caballos salvajes! Él puede enlazar al caballo desbocado.

El aburrimiento puede reformarse en pasión por Cristo.

La curiosidad puede impulsarnos a conocer al Señor.

Los celos transformados pueden alimentar la pasión por el bien supremo de los demás.

Nuestra búsqueda de *compañía* miserable puede convertirse en nuestra expresión de misericordia.

El anhelo de *importancia* puede empujarnos a conocer nuestra verdadera identidad en Cristo.

La *«preocupación» mal dirigida* puede convertirse en compasión templada por la discreción.

¿Suena demasiado idealista para intentarlo? ¡No creas las mentiras del enemigo! Pregúntale a Dios cuál de estas cuestiones te llevan a chismear y permite que Él las domestique.

La próxima vez que te sientas tentada a contarle algo que oíste a un oído dispuesto, transmítele en cambio una bendición de Dios. Enlaza la lengua... dómala y sigue adelante.

Alabanza:

....

....

....

Arrepentimiento:

....

....

....

Reconocimiento:

....

....

....

....

Intercesión:

....

....

....

....

Súplica por mí misma:

....

....

....

....

Capacitación:

....

....

....

....

DÍA 7

«También ustedes son como piedras vivas, con las cuales se está edificando una casa espiritual. De este modo llegan a ser un sacerdocio santo, para ofrecer sacrificios espirituales que Dios acepta por medio de Jesucristo.» 1 Pedro 2:5

Lectura bíblica: 1 Pedro 2:4-6

Inspirado por el Espíritu, Pedro llamó a los creyentes en Cristo «piedras vivas». El Nuevo Testamento contiene varios términos griegos para *roca*. Cristo se refirió a Pedro como *petros* o «pedazo de roca» en Mateo 16:18,[2] pero Pedro se refirió a los creyentes con un término diferente. Usó *lithos*, que puede referirse a piedras grandes o pequeñas.[3] Es interesante que *lithos* también es el término original usado para la piedra que sellaba la tumba de Cristo. ¿No sería significativo si nuestras vidas se convirtieran en piedras vivas que dejaran ver la tumba vacía, la prueba de que Jesús vive? ¿Qué sucedería si la gente se convenciera de que adoramos a un Salvador vivo simplemente por observar la vida desbordante del Espíritu en nosotras? La mayoría de los que no creen sigue confundiendo el cristianismo con la religión. Nos acusan de caminar con las muletas de antiguos rituales y leyes. No tienen interés en llegar a ser lo que ven que somos: momias andantes, envueltas con los rígidos vendajes de una religión sin vida. Somos personas de vida eterna, pero suelen vernos como los muertos terrenales.

Una de las principales razones por las que Dios nos deja en la Tierra luego de recibir al Salvador es demostrar en carne y hueso que Cristo vive. Nos diferenciamos de la religión muerta en que tenemos un Redentor vivo. Como piedras vivas, ¿nuestras vidas muestran una tumba vacía y a un Dios personal, vivo y floreciente? ¿Somos pruebas de que Cristo vive? ¿La gente que entra a nuestras iglesias nos ve como piedras vivas reunidas en una casa espiritual? Si fuera así, jamás tendríamos que rogar que vinieran a visitarnos. La gente busca desesperadamente señales de vida. Si corrieran rumores de que hay vida, prácticamente derribarían las puertas de nuestras iglesias. La «vida» eterna no comienza cuando morimos; empezó apenas nacimos de nuevo.

Para vivir de verdad, necesitamos pasión por Jesús y propósito para servirlo. La pasión y el propósito satisfacen más nuestras necesidades humanas que la salud o la riqueza. Mucha gente rica y saludable se siente muerta, carece de sentido y de esperanza. Representamos la esperanza para aquellos que puedan haber abandonado con decepción la búsqueda de una vida real. Somos piedras removidas que les permitimos asomarse a mirar la tumba vacía. Proporcionamos evidencia de que Jesús es la resurrección y la vida. Hazte y hazles a tus vecinos un gran favor. No esperes a estar muerta para vivir de verdad. Dile a Dios que quieres ser un cartel luminoso de vida, una prueba persistente de la resurrección. Porque «como Cristo resucitó de los muertos por la gloria del Padre, así también nosotros andemos en vida nueva» (Rom. 6:4, RVR1960).

¿Cómo puedes ser prueba de un Salvador vivo a los amigos y seres queridos que no son cristianos? ¿Tienes un amigo que necesita ver a Cristo vivo y activo en ti? Cuéntale lo que Dios hace en tu vida y comprométete a ser una piedra viva delante de él.

¡Muévete, piedra viva, y muestra alguna prueba!

Alabanza:

....

....

....

....

Arrepentimiento:

....

....

....

....

Reconocimiento:

....

....

....

....

Intercesión:

....

....

....

....

Súplica por mí misma:

....

....

....

....

Capacitación:

....

....

....

....

....

DÍA 8

«Si confesamos nuestros pecados, Dios, que es fiel y justo, nos los perdonará y nos limpiará de toda maldad.» 1 Juan 1:9

Lectura bíblica: 1 Juan 1:5-10

Un día, cuando el acusador estaba ocupado haciendo lo suyo en mi vida por un pecado pasado, invoqué 1 Juan 1:9 en voz alta. De repente, el Espíritu Santo resaltó una palabra que se me había pasado por alto en el pasado: justo.

El *perdón* en el Nuevo Testamento significa «dejar ir en libertad, dejar escapar».[4] ¿Dios está dispuesto a dejar que un pecador escape? Sé que la disposición de Dios a perdonar mis pecados es un acto de Su fidelidad, pero ¿cómo puede ser también un acto de Su justicia? Para que la justicia se administre de verdad, ¿no merezco pagar por mis pecados como los prisioneros pagan por sus crímenes?

Démosle una mirada al significado de la palabra *justo*. *Díkaios* significa «que uno adapta sus acciones al carácter constitucionalmente justo de Dios. Las reglas son autoimpuestas». La justicia es una norma que ningún ser humano puede alcanzar. Ninguna persona puede, mediante su conducta, satisfacer plenamente las expectativas de Dios (ver Rom. 3:10).[5] Sin la cruz de Cristo, el perdón y la justicia no pueden coexistir. Estaríamos perdidos; la confesión de nuestros pecados solo traería un veredicto «justo»: culpable, y una pronta sentencia: la muerte.

Cristo vino a la Tierra y se hizo hombre con el propósito de satisfacer todas las expectativas de Dios; agradó al Padre en todo sentido. Luego, tuvo que «convertirse» en todo pecado posible para que se satisficiera la justicia para los injustos. «Al que no cometió pecado alguno, por nosotros Dios lo trató como pecador» (2 Cor. 5:21). Se pronunció el veredicto de culpable; se dictó la sentencia. En el calvario, Dios se «autoimpuso» una regla que jamás se ha roto: todos los que aceptan la oferta del bendito «sustituto» de Dios instantáneamente reciben justicia por todo pecado cometido y encuentran alivio por cada pecado que confiesan.

Cada vez que confesamos nuestros pecados, Dios no solo es fiel para perdonarnos, sino que también es justo. Se atiene a Su regla autoimpuesta; mira la cruz, recuerda la deuda que se pagó y «adapta sus acciones a su carácter constitucionalmente justo».[6]

Aquí yace uno de los elementos más importantes de la regla de justicia autoimpuesta de Dios y aplicada al pecado: Él no está atado a Su ley solo debido a la cruz. Si lo deseara, nuestro Salvador aun podría hacer que la Tierra se abriera y nos tragara. ¡Dios puede romper las reglas porque Él las hace! Está atado por amor, debido a la cruz. Movido por un amor inconmensurable hacia Su Hijo y hacia los hijos de los hombres, se ha obligado a sí mismo. A esta altura, entra en escena la «fidelidad» de 1 Juan 1:9: Él jamás cambiará. Su carácter es intachable. Ha hecho una promesa que nunca quebrantará, sin importar cuál sea la profundidad del pecado que podamos confesar. Su fidelidad no es por deber, porque nada puede forzar la mano de Dios. Su fidelidad es un pacto vinculante por elección.

Hija de Dios, no debes temer. «Si confesamos nuestros pecados, Dios, que es fiel y justo, nos los perdonará y nos limpiará de toda maldad» (1 Juan 1:9).

Alabanza:

....

....

....

....

Arrepentimiento:

....

....

....

....

Reconocimiento:

....

....

....

....

Intercesión:

....

....

....

....

Súplica por mí misma:

....

....

....

....

Capacitación:

....

....

....

....

DÍA 9

«En conclusión, ya sea que coman o beban o hagan cualquier otra cosa, háganlo todo para la gloria de Dios.» 1 Corintios 10:31

Lectura bíblica: 1 Corintios 10:14-33

En dos cortas frases, el apóstol Pablo prácticamente escribió una tesis sobre la simplificación. Para todas las que alguna vez nos hemos preguntado dónde trazar la línea, que hemos hecho malabares con demasiadas pelotas a la vez o tenemos problema para cambiar de opinión, Pablo nos ofrece una simplificación oportuna: «En conclusión, ya sea que coman o beban o hagan cualquier otra cosa, háganlo todo para la gloria de Dios». Tenemos diferentes talentos, dones y recursos, pero el tiempo implacable nos asfixia a todas. Necesitamos con urgencia un curso sobre administración del tiempo, pero ¿quién puede encontrar tiempo para hacerlo?

Cuando nuestro amado Michael era pequeño, disfrutaba de «ayudarme» en el supermercado. Una vez, me rogó que les comprara a nuestros perros una gran bolsa de huesos de cuero sin curtir. Tenía tanto entusiasmo que accedí, pero cuando llegamos a casa, me olvidé de la compra. Michael, que siempre andaba escabulléndose, sacó la bolsa sin que me diera cuenta. Más tarde aquel día, una extraña conmoción en el patio me llamó la atención. Nuestra perra, Sunny, saltaba frenéticamente en toda dirección, levantaba más pasto que una podadora de césped y jadeaba como si estuviera luchando por sus últimos suspiros. Cuando salí para investigar, oí a Michael que reía traviesamente, y luego los vi: al menos cien «huesos» esparcidos por todo el patio. Sunny estaba frenética. ¡Tan poco tiempo para tantos huesos!

No me malinterpreten; no estoy diciendo que parezcamos perros. La mayoría de nuestros «huesos» son buenos. Simplemente tenemos demasiados para masticar. En el intento de hacer cien cosas buenas, es probable que no hagamos ninguna bien. Quedamos atrapadas en la cautividad de la actividad; saltamos frenéticamente en toda dirección con la lengua colgando y los pulmones resollando. Estamos cansadas como perros.

Dios nunca quiso que tuviéramos una vida frenética. Los programas agotadores no son idea de Él. ¿Cómo podemos, como creyentes en Cristo, reestructurar nuestras vidas y encontrar un poco de refrigerio?

Restablece la meta. Isaías 43:7 nos dice que fuimos creadas para Su gloria. El propósito de nuestra breve jornada en este planeta es glorificar a Dios. Él desea que vertamos nuestras mejores energías en Sus obras. Vuelve a lo básico.

Redirige tu centro de atención. Mateo 6:33 hace una promesa revolucionaria: si buscamos primero a Dios, Él dirigirá nuestros programas y nos ayudará a discernir Sus prioridades a través de la obra del Espíritu Santo. ¡Prueba el enfoque de Mateo 6:33! ¡Verdaderamente da resultado!

Reconsidera tu motivación. Gálatas 1:10 nos insta a preguntarnos si alguna de nuestras actividades busca la aprobación del hombre en lugar de la de Dios. Si procuramos agradar a la gente en lugar de al Señor, las reglas cambiarán constantemente y las expectativas serán más altas.

Descansa en la voluntad de Dios. Hebreos 4:10 declara: «porque el que entra en el reposo de Dios descansa también de sus obras, así como Dios descansó de las suyas».

Suena maravilloso, ¿no? Dios no es irracional. No nos llena de estrés y luego se niega a concedernos descanso. La realidad es que ninguna puede hacer cien cosas para la gloria de Dios. Encontremos descanso en Su voluntad y hagamos unas pocas cosas bien.

Alabanza:

....

....

....

....

Arrepentimiento:

....

....

....

....

Reconocimiento:

....

....

....

....

Intercesión:

....

....

....

....

Súplica por mí misma:

....

....

....

....

Capacitación:

....

....

....

....

DÍA 10

«Lo atraje con cuerdas de ternura, lo atraje con lazos de amor...» Oseas 11:4

Lectura bíblica: Oseas 11:1-4; Joel 2:18-32

Hace miles de años, Dios hizo un pacto con un nómada llamado Abram para levantar una nación a través de la cual traería al Salvador al mundo. En Oseas 11:1-4, Dios habla de esa nación, y describe a Israel como a un hijo que crió y enseñó a caminar. Narra los incontables altibajos de Su «hijo» y cómo, cuando se rebeló contra Él o rechazó Su amor, Dios siguió fiel a Su pacto. Le hizo promesas a este hijo y honró Su Palabra.

Aunque a veces Israel fue infiel, Dios fue fiel. ¿Por qué?

La respuesta está escondida en Deuteronomio 7:6-8: «Porque para el Señor tu Dios tú eres un pueblo santo; él te eligió para que fueras su posesión exclusiva entre todos los pueblos de la tierra. El Señor se encariñó contigo y te eligió, aunque no eras el pueblo más numeroso sino el más insignificante de todos. Lo hizo porque te ama y quería cumplir su juramento a tus antepasados; por eso te rescató del poder del faraón, el rey de Egipto, y te sacó de la esclavitud con gran despliegue de fuerza». Dios es fiel a Su pueblo debido a Su amor.

De todas las maravillas de Dios, probablemente la que más me deja perpleja es Su obstinado amor. A través de la larga y alocada historia, Dios continuó amando a Israel y seguirá amándonos a nosotras.

Nuestra obediencia en esta Tierra influye directamente en la bendición y la recompensa, pero no tiene nada que ver con Su amor. El Señor no puede mirarte si no es a través de Su amor. No puede oír tus súplicas de misericordia más que con el oído de un Padre. No puede ser imparcial contigo. No puede renunciar momentáneamente a Su posición de Padre para tomar una decisión objetiva respecto a ti. Su compromiso permanece, pase lo que pase.

No puedes explicar o comprender el persistente amor de Dios. Así es Él. Eres Su hija. 1 Juan 4:16 afirma: «Y nosotros hemos llegado a saber y creer que Dios nos ama...». No podemos «creer» en algo que nunca hemos aceptado. El amor de Dios hacia nosotras es pródigo (ver 1 Juan 3:1). Cuando éramos entretejidas en el vientre de nuestra madre, nuestra vida era como un libro abierto ante Él: se había leído cada oración, cada párrafo tenía sangría, cada capítulo tenía título, cada página estaba numerada. Él sabía todo de antemano: todo el pecado, todo el egoísmo, toda la debilidad. Sin embargo, decidió amarnos... generosamente. Algunas veces, Dios nos permite llegar a un punto en que nos damos cuenta de que no podemos confiar absolutamente en nada que no sea Su amor.

Tal vez, eres de las que piensa que no hay que molestar a Dios con las pequeñas cosas que podemos manejar solas. ¿Te has enfrentado a una circunstancia sobre la cual no tenías control? ¿Recuerdas el alivio que sentiste cuando le elevaste esa carga a Él?

Dios está dispuesto a tomar cada carga, todos los días, incluso aquellas que nos parece que podemos solucionar por nuestras fuerzas. Él nos dará ese alivio todos los días. Pruébalo, ahora mismo.

Alabanza:

....

....

....

....

Arrepentimiento:

....

....

....

....

Reconocimiento:

....

....

....

....

Intercesión:

_____

_____

_____

_____

Súplica por mí misma:

_____

_____

_____

_____

Capacitación:

_____

_____

_____

_____

DÍA 11

«Así mismo, en nuestra debilidad el Espíritu acude a ayudarnos. No sabemos qué pedir, pero el Espíritu mismo intercede por nosotros con gemidos que no pueden expresarse con palabras.»
Romanos 8:26

Lectura bíblica: Romanos 8:19-27

Estos versículos hablan de gemidos. En realidad, de tres clases. Primero, la creación gime por el regreso de Cristo y de Sus santos. Sujeta a la frustración de haber sido creada por Él y para Él, pero estando ausente de Su presencia, toda la creación anhela ser liberada de su corrosión innata y hecha nueva en la presencia de su Creador.

Segundo, nosotras gemimos interiormente mientras aguardamos con ansias nuestra adopción. Los que estamos en Cristo reconocemos este gemido aunque nunca lo hayamos identificado. ¿Cuándo fue la última vez que te sentiste cansada del dolor de este mundo? Tal vez no por tus sufrimientos, pero por los de otros. Los niños hambrientos al otro lado del mundo. Los hospitales llenos de moribundos. La violencia y el odio. Gemimos. Simplemente no reconocemos la fuente del dolor: el anhelo de estar seguras en nuestro nuevo hogar, acurrucadas bajo la calidez del amor de Cristo. Ya no somos huérfanas, pero tampoco estamos en casa. Por más agradables que puedan ser nuestros hogares transitorios aquí en la Tierra, nunca cesamos de sobresaltarnos por la maldad del mundo. Nuestros gemidos le dan voz a sentimientos que muchas veces no podemos identificar. «¡Rescátanos, oh Salvador!».

El pasaje identifica un tercer tipo de gemido: el gemido del Espíritu de Dios que intercede por nosotras. Algunas veces, podemos discernir mejor el significado de un pasaje de la Escritura al identificar lo que claramente no quiere decir. Romanos 8:26 no dice que el Espíritu Santo intercederá por nosotras cuando estemos demasiado ocupadas para orar, demasiado enojadas para orar, con demasiada participación en el ministerio como para orar o demasiado desilusionadas con Dios como para orar. El pasaje declara que el Espíritu intercede por nosotras cuando estamos demasiado débiles como para orar. No intercede cuando no oramos, sino cuando no sabemos cómo orar.

Imagina esta conmovedora escena. Una hija de Dios reúne su último resto de fuerza para colapsar ante Su trono. Las palabras no salen; solo gemidos. No son sus gemidos, aunque surgen tan de lo profundo que piensa que son suyos. El Espíritu de Dios escudriña su corazón, recoge su dolor y lo eleva al Padre de toda consolación. El Espíritu, que conoce tanto la profundidad de su agonía como la voluntad del Padre, puede sacar gloria incluso de esto. Insiste en que el Padre prodigue un desbordante consuelo. Insta a la hija a permitir que el Padre haga las cosas a Su manera. Ora por cosas que ella no podría pedir, porque le faltaría el valor para hacerlo. Ora pidiendo gloria.

¿Cuánto tiempo pasa esta hija delante del trono de Dios? Hasta que le vuelve la fuerza. Hasta que identifica la esencia de la intercesión del Espíritu por ella y puede hacerla propia. Tal vez, este sea uno de los momentos más sublimes para esta creyente (cuando la voluntad del Padre y la de Su hija convergen en una) y la columna de nube de la gloria de Dios se posa sobre sus hombros como una cálida manta. Y tan solo por un instante, el cielo viene a la Tierra.

Alabanza:

....

....

....

Arrepentimiento:

....

....

....

Reconocimiento:

....

....

....

....

Intercesión:

....

....

....

....

Súplica por mí misma:

....

....

....

....

Capacitación:

....

....

....

....

DÍA 12

«Examínense para ver si están en la fe; pruébense a sí mismos.» 2 Corintios 13:5

Lectura bíblica: 2 Corintios 13:1-10

Muchos creyentes dudan de la seguridad de su salvación. Como hemos sido llamadas a vivir por fe, Satanás aprovecha toda oportunidad para sembrar la duda. Inspirado por el Espíritu, Pablo nos exhorta a «examinarnos» y «probarnos» para ver si estamos en la fe. En la siguiente oración, está la clave: «¿No se dan cuenta de que Cristo Jesús está en ustedes? ¡A menos que fracasen en la prueba!» (2 Cor. 13:5). Romanos 8:9b afirma: «Y si alguno no tiene el Espíritu de Cristo, no es de Cristo». Deberíamos «examinarnos» para ver si tenemos las características de la presencia del Señor. Su Espíritu es tan distinto al nuestro, que rápidamente podemos observar la diferencia, si estamos dispuestas a someternos a la prueba.

Miremos una vez más la pregunta de Pablo: «¿No se dan cuenta de que Cristo Jesús está en ustedes?». Podemos parafrasear su pregunta: «¿No ven las realidades que muestran que Cristo Jesús está en ustedes?». La presencia de Cristo en nuestro interior crea realidades completamente extrañas para nosotras, y se hace evidente en varios sentidos. Veamos solo algunos:

1. *Convicción de pecado*. Sin Cristo, carecemos de una tristeza sobrenatural por el pecado. Podemos sentirnos culpables, pero la culpa humana difiere de la convicción que experimenta el redimido. La culpa se centra en nosotras y en otros, mientras que la convicción es la comprensión de que nuestro pecado ofende personalmente a Dios. Cuando sentimos convicción, nuestro pecado es un problema con Dios y no con la gente. Recuerda, el Espíritu de Cristo es santo, así que reacciona a todo lo que no sea santo, y nos genera aversión al pecado. Debido a nuestra humanidad, no nacemos lo suficientemente «buenas» como para retroceder ante el pecado.

2. *Guerra contra nuestra vieja naturaleza*. La tarea del Espíritu Santo es hacernos más parecidas a Cristo. Viene a morar en nosotras con un objetivo primordial: la transformación. Podemos resistirnos al cambio, pero cuando lo hacemos, sentimos la guerra interior. Nuestro ser natural no se siente obligado a cambiar, pero nuestro ser interior se siente impulsado al cambio.

3. *Una extraña sensación de paz*. Aun cuando no necesariamente nos agraden las decisiones de Dios, experimentamos una sensación sobrenatural de paz interior cuando nos sometemos y confiamos.

4. *Una habilidad foránea para responder como Cristo*. Cuando nos rendimos al control de Dios, solemos responder con sentimientos, palabras o acciones totalmente extrañas a nuestra naturaleza. Hasta llegamos a pensar: *Esa no puedo haber sido yo*. Si no poseemos el Espíritu de Cristo, por más que nos esforcemos por «rendirnos» al control de Dios, no experimentaremos esa habilidad foránea en nuestros sentimientos y respuestas. Seremos capaces de «buenas obras», pero no de las «obras de Dios». Solo un creyente percibe la diferencia.

Recuerda: Dios no piensa, habla ni actúa como nosotras. Las demostraciones repentinas de Su carácter que provienen de nuestro interior son prueba de nuestra salvación. Si podemos examinarnos a nosotras mismas y descubrir a Cristo, amada, ¡estamos «en la fe»! Quédate tranquila.

Alabanza:

....

....

....

....

Arrepentimiento:

....

....

....

....

Reconocimiento:

....

....

....

....

Intercesión:

....

....

....

....

Súplica por mí misma:

....

....

....

....

Capacitación:

....

....

....

....

DÍA 13

«Allí se arrodilló y se puso a orar y alabar a Dios, pues tenía por costumbre orar <u>tres</u> veces al día.»
Daniel 6:10b

Lectura bíblica: Daniel 6

Nos sentimos tentadas a pensar que héroes como Daniel eran súper hombres con poderes inalcanzables para la persona promedio. Sin embargo, lo desacreditamos cuando no lo representamos como era: un hombre frágil de carne y hueso, propenso a correr y tentado a conformarse, como cualquiera de nosotros. No obstante, Daniel no corrió, aun cuando se enfrentó a leones hambrientos que le lamían la carne antes de hacerle el favor de matarlo. ¿De dónde provenía ese valor? ¿Cómo mantuvo su integridad en cuestiones de vida o muerte? Creo que Daniel 6 revela algunas respuestas.

1. *Daniel ya tenía el HÁBITO de la oración.* Mira el versículo 10: oró como «tenía por costumbre». No llamó a un número de emergencia ni pidió más información. Tenía el hábito de caminar diariamente con Dios. Quiero que el Señor esté acostumbrado a oír mi voz todos los días; no deseo solo una relación de crisis, y creo que tú tampoco. Obtenemos una tremenda seguridad de saber que el mismo Dios que satisfizo nuestras necesidades ayer las satisfará hoy.

2. *Daniel confiaba en la soberanía de Dios.* El versículo 10 dice: «allí se arrodilló». Se sometió a la autoridad de Dios, con la confianza de que Él invalidaría todo lo contrario a Su voluntad. He tratado de inculcarles a mis hijos el hábito de arrodillarse una vez al día para orar. La postura física de doblar las rodillas ante la autoridad de Dios nos recuerda que Él es Señor. Esta práctica no me degrada; me da gran seguridad.

3. *Daniel le confió por completo su vida a Dios.* La palabra orar, en el versículo 10, traduce un término hebreo poco usado en la Escritura. Significa «renguear como si se estuviera imposibilitado de un lado».[7] En su propia fuerza, Daniel sabía que no tenía la capacidad de transitar el camino que tenía por delante. A través de la oración, echó su carga sobre Dios y dio un paso a la vez.

4. *Daniel no tuvo vergüenza de pedirle ayuda a Dios.* Creo que estaba muerto de miedo. No tenía intención de darle la espalda a Dios, pero es comprensible que tuviera temor de la inminente sentencia. Mi parte favorita de la historia es que Daniel no recibió la ayuda que anticipaba. Es probable que haya pedido que el edicto se anulara o que Dios cambiara la decisión del rey Darío. Tal vez solo pidió el valor para morir con dignidad para la gloria de Dios. Pero dudo que específicamente le haya pedido a Dios que les cerrara la boca a los leones. Sin embargo, Dios mostró que no era el valor de Daniel, el cambio de opinión del rey Darío ni la conciencia de culpa del grupo lo que lo salvó. Fue Dios. Él no siempre proporciona la ayuda que anticipamos, pero Su método siempre provoca la mayor gloria.

Amada, vivimos en la guarida de los leones. La victoria es nuestra cuando caminamos con Dios a diario en oración habitual, cuando conocemos Su Palabra lo suficiente como para confiar en Su soberanía y cuando confiamos completamente en Él y elevamos un ruego sincero pidiendo ayuda. Al Señor le causa gran satisfacción cerrarle la boca a ese león.

Alabanza:

....

....

....

....

Arrepentimiento:

....

....

....

....

Reconocimiento:

....

....

....

....

Intercesión:

....

....

....

....

Súplica por mí misma:

....

....

....

....

Capacitación:

....

....

....

....

DÍA 14

«Ustedes, pueblo de Israel, son en mis manos como el barro en las manos del alfarero.»
Jeremías 18:6b

Lectura bíblica: Jeremías 18:1-12

A lo largo de la Escritura, Dios asumió el rol de maestro. Como la mayoría de los docentes eficaces, utilizó una variada cantidad de métodos. Basó Su enseñanza en un plan que principalmente consta de tres palabras soberanas: *lo que funcione.*

En Éxodo 31, Dios escribió Su lección sobre una pizarra. (Luego, por supuesto, se produjo ese desafortunado incidente cuando Su alumno sobresaliente tiró la pizarra y el Señor tuvo que escribirla de nuevo).

En los Evangelios, algunas veces juntó a Su clase en la playa y enseñó desde una barca (un excelente método si tus alumnos no se distraen con facilidad).

Sin embargo, en Jeremías 18, Dios usó uno de mis favoritos: programó un viaje de estudio. Envió a Jeremías, uno de sus alumnos de las primeras filas, a la casa del alfarero, sin la menor idea de lo que aprendería. Cuando llegó al destino, vio al alfarero trabajando en la rueda. El estudiante con ganas de aprender observó por encima del hombro del alfarero durante bastante tiempo (no dice durante cuánto tiempo miró, ¿no?) antes de que Dios le hablara.

Con mucho cuidado, el artista le dio forma a la vasija; luego, Jeremías vio cómo se arruinaba en las manos del alfarero. El artesano tomó el mismo trozo de arcilla y le dio la forma que él escogió. La tarea de un alfarero exige tanta atención que probablemente este hombre no notó la presencia de Jeremías. Por fin, Dios habló: «Pueblo de Israel, ¿acaso no puedo hacer con ustedes lo mismo que hace este alfarero con el barro? [...] Ustedes, pueblo de Israel, son en mis manos como el barro en las manos del alfarero» (Jer. 18:6).

Como el Divino Alfarero, Dios se presentó vívidamente a los hijos de Israel como el Dios de las segundas oportunidades, Aquel que podía tomar el trozo de arcilla y volver a darle una forma hermosa y útil. Gustosamente les quitaría los castigos y escribiría un nuevo plan para enseñarles... si ellos se lo permitían. Él sabía de antemano lo que haría Su pueblo. Considerarían la probabilidad, tratarían de imaginarse hermosos, hechos de nuevo, contarían el costo y responderían: «Es inútil».

¿Puedes imaginar lo que es transformarse en una nueva vasija en las manos de Dios? ¿Una vasija sagrada y útil? ¿Hay partes en ti que han estado dañadas durante tanto tiempo que no imaginas cómo Él puede darles nueva forma? ¿El proceso te parece demasiado largo? ¿Requiere demasiada cooperación? ¿Alguna vez piensas: *es inútil?* En ocasiones, podemos ver en otros la insensatez que no podemos ver en nosotras mismas. ¿No nos hemos preguntado cómo pudo Israel haber decidido tan mal cuando se le dio otra oportunidad? ¿Cómo pueden haber tenido tantas grietas esas vasijas? Decir «es inútil» es afirmar que el Alfarero no está calificado para hacer lo que mejor sabe hacer. Dale a Dios la oportunidad. Pon tu vida en Sus manos. La transformación no viene de la fe en ti misma; surge de la fe en Él.

Alabanza:

....

....

....

....

Arrepentimiento:

....

....

....

....

Reconocimiento:

....

....

....

....

....

Intercesión:

....

....

....

Súplica por mí misma:

....

....

....

Capacitación:

....

....

....

....

DÍA 15

«Señor, hazme conocer tus caminos; muéstrame tus sendas.» Salmo 25:4

Lectura bíblica: Salmo 25:1-10

En su libro *Portales de esplendor*, Elisabeth Elliot cuenta la historia de cinco hombres jóvenes que, movidos por el insuperable amor de Cristo, ofrecieron sus vidas para liberar a indígenas paganos en las selvas de Ecuador. En enero de 1956, los cinco misioneros de New Tribes se aventuraron para hablarles de Cristo a los temidos indios aucas. Los indígenas mataron a los cinco en un asalto salvaje, pero su sangre se convirtió en la semilla que Dios usó para engendrar nuevos hijos para sí. Uno a uno se fueron convirtiendo y nació la iglesia auca que ahora desborda de creyentes con testimonios más dramáticos que la ficción.

Dos de los mismos hombres que arrojaron sus lanzas mortales en 1965 posteriormente bautizaron al hijo de Nate Saint, uno de los cinco misioneros martirizados. A fines de la década de 1990, el hijo del misionero y su familia se fueron a vivir entre los aucas y continuaron el legado que dejaron cinco hombres al ser «fieles hasta la muerte».

Los aucas testifican sobre la fidelidad de Cristo con imágenes apropiadas para su cultura. Durante generaciones, tallaban una marca a cada lado de los árboles para marcar senderos en la densa selva. Los otros podían encontrar el camino siguiendo las marcas talladas. Ahora, hablan de las marcas que Cristo y Su Palabra han tallado, que señalan «caminos seguros». Escriben porciones de la Escritura en tablas y las cuelgan en sus iglesias, y luego utilizan esos versículos tallados para enseñarse unos a otros, e instruir a sus hijos a que sigan la Palabra de Dios como un «sendero confiable».

Dicen que han aprendido mucho de aquellos visitantes que no fueron bien recibidos, pero nosotras tenemos mucho que aprender de ellos. Han permitido que el evangelio cambie radicalmente sus vidas, y las prácticas de su pueblo que se transmitían incansablemente de generación a generación han sido transformadas por completo por la Palabra de Dios. El evangelio de Cristo fue una intromisión a gran escala en sus vidas; sin embargo, cuando lo escogieron a Él, eligieron Su estilo de vida... por más antinatural que fuera. Y han seguido Sus tallados hacia la libertad.

Amada: Él también tiene un camino seguro para nosotras. Sabe exactamente lo que quiere que hagamos en nuestra situación actual. El dilema se genera entre nuestra genuina necesidad de dirección divina y la resistencia personal que tenemos hacia los cambios.

El ejemplo de fe de los aucas nos invita a adoptar la oración del salmista, que también buscaba los «tallados» de Dios, que lo guiaran en las travesías peligrosas: «Señor, hazme conocer tus caminos; muéstrame tus sendas». Nos enfrentamos al desafío de Dios cuando nos pregunta: *¿Me permitirás cambiar dramáticamente tus caminos para enseñarte los míos?*

Alabanza:

....

....

....

....

Arrepentimiento:

....

....

....

....

Reconocimiento:

....

....

....

....

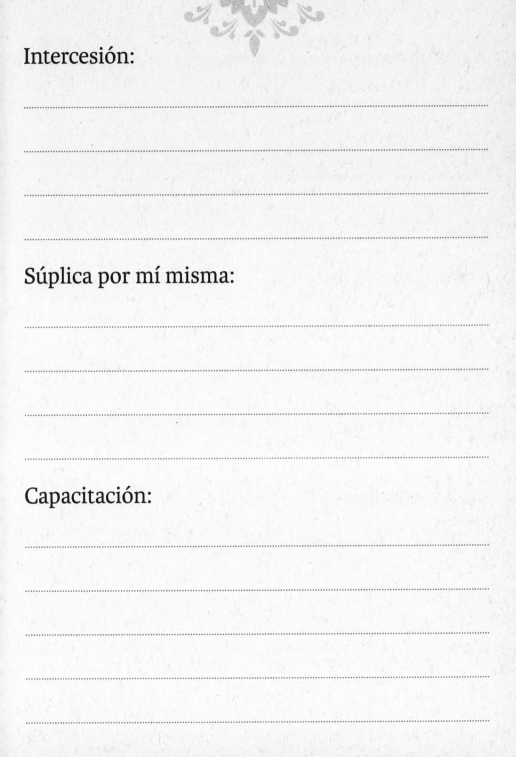

Intercesión:

....

....

....

....

Súplica por mí misma:

....

....

....

....

Capacitación:

....

....

....

....

DÍA 16

«¡Dejen de hacer el mal! ¡Aprendan a hacer el bien!» Isaías 1:16b-17a

Lectura bíblica: Isaías 1:16-17; Salmo 34:11-17

Sin intención de divulgar cuál de ellas fue, diré que enseñarle a conducir a una de mis hijas fue una experiencia espeluznante. Desde el primer momento en que se puso frente al volante, aplicó su fogosa personalidad al acelerador.

Frente a los carteles de PARE, su filosofía era tan sensata como la de alguien que pasa por un peaje automático y, apenas marca la tarjeta, sigue viaje sin mirar si tiene delante otro vehículo o si se aproxima un tremendo camión. Su confusión con las señales de giro era un tanto desconcertante para el resto de los conductores. Pero lo más llamativo era su manera de girar en una esquina. Pisaba a fondo el acelerador y prácticamente se llevaba por delante el buzón. Nunca he conocido a otro con el talento suficiente como para permanecer firmemente en el carril de la mano derecha mientras toma una curva cerrada a 50 km por hora.

Por último, yo gritaba: «Repite después de mí: ¡EL FRENO ES TU AMIGO!». Para hacer honor al sentido del humor familiar, ambas terminábamos riendo hasta que nos dolían las costillas. Luego, en un tono serio de madre a hija, le advertía: «Si no aprendes a usar correctamente los frenos, niña, te vas a meter y meterás a otros en un montón de problemas».

Nuestro texto de hoy refleja un tono fuerte de padre a hijo. En el primer capítulo de Isaías, Dios se dirige a Israel como a Su hijo, y lo deja ver en la línea entre los versículos 16 y 17: «¡Dejen de hacer el mal! ¡Aprendan a hacer el bien!». Algunas veces, no caben otras palabras. Podemos intentar justificar nuestras tendencias a ciertas conductas. Podemos recordar cómo nos metimos en semejante lío, pero a veces, la sencilla y firme instrucción del Padre celestial es el único método que funciona: «¡Detente ahora mismo!». Luego, regresa a la huella y aprende a hacer las cosas bien.

Uno de los principios más sabios y necesarios para alguien que está aprendiendo a conducir en la fe es: «Aprende a usar los frenos». En otras palabras, aprende cuándo debes detenerte. En medio de un choque, NO es el mejor momento para aprender a usar los frenos. Lo ideal y la forma más segura de conducir es apretar el freno antes del cartel de PARE. Cuando nos dirigimos a un problema, el Espíritu Santo encenderá luces de precaución y señales de advertencia. Algunas veces, nos insta a aminorar la marcha y otras, nos dice «¡DETENTE!». Con seguridad, todas recordamos un momento en que hubiéramos deseado apretar los frenos en cuanto vimos la señal. Con suerte, aprendimos de esas dolorosas colisiones y ahora tenemos un récord de seguridad mucho mejor. Si hace algún tiempo que no tenemos accidentes, es probable que podamos mirar atrás y recordar cuándo finalmente accedimos a «dejar de hacer el mal» y «aprender a hacer el bien». Otras podemos seguir derrapando en medio de una peligrosa intersección. La Palabra de Dios clama hoy: ¡DETENTE! Aprieta los frenos antes de que sea demasiado tarde.

Tal vez pienses que estoy exagerando con esta lección, pero nunca es demasiado tarde para practicar una conducción segura en el difícil camino de la vida. Al recorrerlo, nos encontraremos con personas que están bajo una mala influencia. Prepárate. Escucha al Padre cuando dice: «Repite después de mí: ¡EL FRENO ES TU AMIGO!».

Alabanza:

....

....

....

....

Arrepentimiento:

....

....

....

....

Reconocimiento:

....

....

....

....

Intercesión:

....

....

....

....

Súplica por mí misma:

....

....

....

....

Capacitación:

....

....

....

....

DÍA 17

«... no me des pobreza ni riquezas sino sólo el pan de cada día. Porque teniendo mucho, podría desconocerte y decir: "¿Y quién es el SEÑOR?" Y teniendo poco, podría llegar a robar y deshonrar así el nombre de mi Dios.» Proverbios 30:8-9.

Lectura bíblica: Proverbios 30:7-9

El cielo será el paraíso no solo por lo que esté presente allí, sino también por lo que estará ausente. Nuestra morada futura promete una lista de «no más»; como no más lágrimas, ni tristeza, ni dolor. Aunque uno de mis «no más» favoritos no se encuentra en el libro de Apocalipsis, podemos contar con que no lo encontraremos en el cielo, porque no nos hará falta... ¡gracias a Dios! ¡En el cielo no habrá más necesidad de dinero!

¿No estás cansada de luchar con las finanzas? ¿Algunas veces no sientes que si recibes otra cuenta para pagar te dará un ataque? El dinero. Nos encanta. Lo detestamos. Lo necesitamos. Lo ansiamos. Nada nos vuelve más locas que el dinero. Sin embargo, nunca podemos tener suficiente. Cuando se le preguntó a un hombre muy rico cuánto dinero es suficiente, respondió: «Un poquito más». Habló en nombre de todos, ¿no es cierto? Es sumamente raro que alguien admita que tiene lo suficiente.

Por supuesto, el verdadero problema no es tener dinero, sino que el dinero nos posea a nosotras. Los versículos para hoy explican cómo «equilibrar» nuestras chequeras. Si eres como yo, probablemente podrías necesitar un poco de ayuda. Esos números ilegibles que escribimos en la parte de atrás de nuestras chequeras cobran perfecto sentido cuando los compensamos, ¿no? En realidad, el método de Dios para equilibrar nuestras chequeras no tiene que ver en principio con los números, sino con la actitud. Dos recordatorios nos ayudan a permanecer equilibradas en cuestiones de dinero.

La definición de Dios del salario ideal es un ingreso que entra dentro de los extremos de la pobreza y la riqueza. Si no tienes que robar para comer, no eres demasiado pobre. Si no tienes la tendencia a olvidarte de Dios, no eres demasiado rico. Me atrevo a decir que la mayoría de nosotras está entre los dos extremos de Proverbios 30:8-9. Verás, Dios ve gran parte de nuestras situaciones financieras como ideales, porque no nos faltan las cosas esenciales para vivir, pero seguimos viéndonos obligadas a depender de Él. Estoy segura de que a la mayoría le gustaría estar entre aquellos cuya fidelidad es puesta a prueba con grandes riquezas, pero es probable que las cosas se nos fueran de las manos. El dinero suele hacernos ignorar la autoridad. Mateo 6:24 declara: «No se puede servir a la vez a Dios y a las riquezas»; y el rey David nos dio un consejo muy sabio: «... y aunque se multipliquen sus riquezas, no pongan el corazón en ellas» (Sal. 62:10). Por cierto, son efímeras.

La permanencia de Dios como cabeza del Departamento del Tesoro: El Salmo 24:1 afirma: «Del Señor es la tierra y todo cuanto hay en ella, el mundo y cuantos lo habitan». Cada trozo de oro o de plata, cada piedra preciosa en este planeta le pertenece al Señor. Todo lo que tenemos es suyo. Él distribuye las riquezas como le parece adecuado y estas traen aparejadas tanto bendiciones como pruebas.

Las verdades de hoy pueden parecer simplistas, pero si adoptamos un enfoque más «equilibrado» respecto a nuestras finanzas, el lazo de la ansiedad económica que tenemos alrededor del cuello se aflojará considerablemente. Dios es el banquero. Permítele equilibrar tu chequera con frecuencia.

Alabanza:

....

....

....

....

Arrepentimiento:

....

....

....

....

Reconocimiento:

....

....

....

....

Intercesión:

....

....

....

....

Súplica por mí misma:

....

....

....

....

Capacitación:

....

....

....

....

DÍA 18

«Lo que ha sido desde el principio, lo que hemos oído, lo que hemos visto con nuestros propios ojos, lo que hemos contemplado, lo que hemos tocado con las manos, esto les anunciamos respecto al Verbo que es vida.» 1 Juan 1:1

Lectura bíblica: 1 Juan 1:1-4

Una vez, tuve un maestro de escuela dominical bienintencionado que dijo lo siguiente: «Si cuando la vida termina, descubro que estuve equivocado en lo que creía, al menos habré vivido la buena vida». Todos asentimos noblemente, y recuerdo haber pensado: *Creo que tiene razón. Aunque estemos equivocados, hemos tenido vidas buenas, sinceras y hemos ayudado a la gente.* Sin embargo, cuando fui creciendo en la Palabra de Dios, más y más pensé que esta filosofía es intolerable. No hemos inventado una «religión», no nos hemos dejado guiar mal por las emociones ni hemos elaborado respuestas fruto de la desesperación.

El Espíritu hizo nacer la Iglesia en los corazones de testigos oculares; gente que vio a Cristo con sus propios ojos y que lo tocó con sus manos. Juan observó la transfiguración de Jesús en la montaña. Vio a Cristo levantarse de los muertos. Oyó cuando Jesús anunció Su sufrimiento y muerte en la cruz; luego, observó con horror el cumplimiento de cada detalle. Vio la expresión de María Magdalena cuando vino con la noticia de la tumba vacía. Corrió para ver la evidencia por sí mismo. Posteriormente, se reunió con los otros discípulos a puertas cerradas cuando Cristo se les apareció en medio. Vio Sus manos y Su costado horadados.

Los doce no fueron los únicos que vieron con sus ojos al Cristo resucitado. En 1 Corintios 15:6, vemos que Cristo se apareció a otros 500 seguidores reunidos en un lugar. Cuando se reunió con Sus discípulos para darles Su comisión, había borrado toda duda. Dijo: «... y serán mis testigos» (Hech. 1:8). Testigos oculares. Vieron cómo su Salvador resucitado ascendía a los cielos y luego, vivieron el resto de sus días con la apasionada seguridad de lo que habían visto... y tocado. Estos seguidores no entregaron sus vidas por una esperanza. Enfrentarse a la espada tiene la extraña capacidad de hacerte tomar conciencia. La sinceridad sale a la superficie y el orgullo desaparece. Si hubieran dudado, al menos uno de ellos se habría doblegado bajo la presión de salvar el pellejo. No obstante, ninguno retuvo un solo momento su vida. Los mismos doce hombres que alguna vez lucharon con el orgullo, la incredulidad y la incapacidad fueron transformados en personas poderosas e imparables, impávidos ante la prisión, la persecución y la amenaza de muerte.

Amadas, la Iglesia del Nuevo Testamento nació basada en hechos; no mitos, leyendas ni filosofías bienintencionadas, sino sobre cosas que se habían visto, oído, tocado y experimentado. Cuestiones que los doce no pudieron guardarse para sí mismos. No solo creyeron. ¡Lo supieron! En esos momentos difíciles, cuando te das cuenta de cuántos a tu alrededor no creen, recuerda: nuestra fe está fundada en hechos. Cuando la vida acabe, no solo habrás vivido la buena vida... verás con tus ojos y tocarás con tus manos al Camino, la Verdad y la Vida.

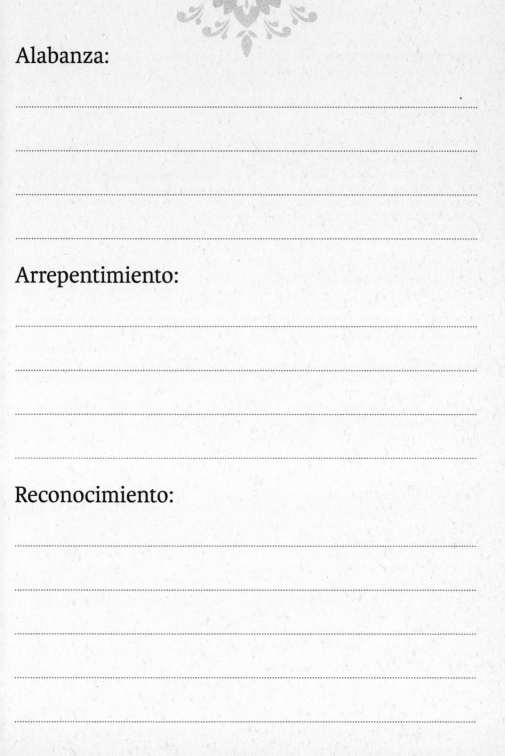

Alabanza:

....

....

....

Arrepentimiento:

....

....

....

Reconocimiento:

....

....

....

....

Intercesión:

....

....

....

....

Súplica por mí misma:

....

....

....

....

Capacitación:

....

....

....

....

DÍA 19

«Deléitate en el Señor, y él te concederá los deseos de tu corazón.» Salmo 37:4

Lectura bíblica: Salmo 37:1-24

Dios nos conoce muy bien. En Su infinita sabiduría, sabía que aun los seres humanos nobles y creyentes intentarían usarlo como un medio para sacar ventaja. Nuestra motivación para buscar a Dios suele ser egoísta. Él desea que lo busquemos por el placer de Su presencia, y se deleita en permitir que aquel que lo busca descubra maravillosas ganancias, pero como nos conoce tan bien, tiene métodos para sacar lo mejor de nuestras motivaciones, que a veces son cuestionables. Permite que nuestra codicia nos lleve a una búsqueda del tesoro, donde finalmente descubrimos el mayor tesoro de todos.

El Salmo 37:4 es un perfecto ejemplo; el mejor versículo para sentirse bien. Dios sabía que buscaríamos un versículo que prometiera algo para los deseos de nuestros corazones. También sabía que nuestra búsqueda egoísta podía conducirnos a un tesoro incomparable. El resultado final motiva nuestro primer enfoque del Salmo 37:4: «...él te concederá los deseos de tu corazón». Entonces, el «fin» nos hace considerar los medios: «Deléitate en el Señor». Fieles a nuestra naturaleza humana, prestamos atención a los medios para poder alcanzar el fin.

Comenzamos a preguntarnos: «¿Cómo puedo deleitarme en el Señor?». Y casi podemos escucharlo susurrar: «Qué bueno que preguntes». A medida que nos disponemos a deleitarnos en Dios, lentamente, Él revoluciona nuestro enfoque para encontrar satisfacción. Los que procuran deleitarse en el Señor desarrollarán en definitiva una deleitosa relación con Él; sin embargo, para cuando Dios se convierte en el deleite, lo que una vez fue una búsqueda del tesoro egoísta se ha transformado.

Todo aquel que se deleite verdaderamente en el Señor, un día se dará cuenta de que Dios se ha convertido en el deseo de su corazón. Cuando Él es nuestro deleite, comenzamos a desear lo que Él desea. Llegamos a confiar en que lo mejor es Su bien. Cuando luchamos con deseos egoístas, doblamos las rodillas en oración. Nos volvemos lo suficientemente sabias como para pedirle que anule cualquier deseo que, a la larga, nos traicionaría. Ya no queremos nada que carezca de Su aprobación.

¿Por qué es tan importante la transformación del corazón en el cumplimiento del Salmo 37:4? Porque los corazones que no se deleitan en el Señor son destructivos y engañosos. Jeremías 17:9 dice: «Nada hay tan engañoso como el corazón. No tiene remedio». Para estar seguras, Dios debe transformar el corazón. Hasta que aprendamos a deleitarnos en el Señor, no podemos confiar en los deseos de nuestros corazones. Lo que nuestros corazones carnales desean puede llevarnos a tomar las peores decisiones de nuestra vida. ¿Recuerdas alguna vez en que tu corazón te haya guiado hacia un camino destructivo? Yo sí. Quiero que los deseos de mi corazón reflejen los de Él.

El Salmo 37:4 es un versículo transformador. En nuestra búsqueda del tesoro, descubrimos una nueva profundidad en la relación con Dios, un deleite indescriptible y una válvula de seguridad para nuestros corazones. Tesoros que vale la pena buscar, sin importar cuáles hayan sido nuestras motivaciones originales.

Alabanza:

....

....

....

....

Arrepentimiento:

....

....

....

....

Reconocimiento:

....

....

....

....

Intercesión:

....

....

....

....

Súplica por mí misma:

....

....

....

....

Capacitación:

....

....

....

....

DÍA 20

«Ésta, la primera de sus señales, la hizo Jesús en Caná de Galilea. Así reveló su gloria, y sus discípulos creyeron en él.» Juan 2:11

Lectura bíblica: Juan 2:1-11

Cristo realizó muchos milagros mientras habitó entre nosotros en forma humana. Sin duda, Su primer milagro fue importante. Y creo que lo que realizó en Caná sigue siendo la maravilla más asombrosa que hace en cualquiera que lo busca de verdad y que todavía está encadenado a esta Tierra: Cristo llena vasijas vacías.

Nada destruye la vida como el vacío. Los lugares vacantes en lo profundo de nuestro ser nunca quedan inactivos. Son vacíos que intentan inhalar todo lo que tienen a su alcance. Si no los atendemos, será solo cuestión de tiempo hasta que la vida se autodestruya. La mujer cristiana no está exenta. Seguimos luchando con abrumadores sentimientos de vacío. Podemos poseer la vida eterna y, sin embargo, nunca estar «llenas» del amor de Dios.

Por favor, presta atención a esta advertencia de parte de alguien que sabe: si no hemos invitado a Cristo a llenar los lugares vacíos en nuestra vida, podemos ser salvas... ¡pero no estamos a salvo! Oswald Chambers lo dijo de manera hermosa: «Ningún amor del corazón natural está a salvo a menos que el corazón humano se haya satisfecho primero en Dios».[8] ¿Cuántas hemos intentado llenar los vacíos con otras cosas que no sean el amor de Dios y, con el tiempo, lo único que conseguimos fue meternos en problemas? Creo que la mayoría.

¿Cómo podemos descubrir la seguridad de la plenitud de Dios? Considera estas dos acciones simples y prácticas.

• La plenitud comienza con la sinceridad. Así como María le presentó el problema a Cristo, dile qué es lo que te falta. Confiésale cada intento en vano por llenar tu vida con otras cosas diferentes a Su amor. Nombra a cada persona y cosa que te haya desilusionado y que te haya dejado carente de algo. Cuéntale el costo de buscar amor, aceptación, consuelo o sanidad en los lugares equivocados.

• Entonces, una vez que hayas sido sincera con tu necesidad, pídele al Señor que te llene con Su amor y que inunde tu vida con Su Espíritu. NO de una vez y para siempre, sino cada día, durante el resto de tu vida.

Cuando permitimos que Cristo llene nuestros lugares vacíos, inevitablemente otros se acercarán a nosotros. Dejarán de sentir que necesitamos más de lo que nos pueden dar. Solo Cristo puede llenar nuestras tinajas vacías. Él está ansioso y dispuesto a hacerlo, y es el único que jamás se asustará por la profundidad de nuestra necesidad. Negarte a ti misma no significa negar tu necesidad. Negarte a ti misma supone aceptar que no tienes los medios para satisfacer esa necesidad.

Alabanza:

....

....

....

....

Arrepentimiento:

....

....

....

....

Reconocimiento:

....

....

....

....

Intercesión:

....

....

....

Súplica por mí misma:

....

....

....

Capacitación:

....

....

....

....

DÍA 21

«Por tanto, todo el que me oye estas palabras y las pone en práctica es como un hombre prudente que construyó su casa sobre la roca.» Mateo 7:24

Lectura bíblica: Mateo 7:24-29

Las primeras señales del amanecer me susurraron que me despertara. Me deslicé fuera de la cama, espié a través de las gruesas cortinas de la habitación del hotel y me maravillé con la salida del sol que no quería perderme. Estábamos disfrutando de un descanso sumamente necesitado, a unos 1500 km de nuestro hogar. Tomé mi diario personal, dejé a la familia durmiendo y me apresuré a pasar tiempo con Aquel que le puso límite a los océanos.

Me quité los zapatos para disfrutar de la arena fresca y áspera debajo de mis pies, me paré en la playa y contemplé al Artista en acción. Luego de intercambiar con Dios el feliz saludo matutino, miré la playa de un lado al otro. No había nadie a la vista, pero podía ver los restos de los castillos de arena del día anterior. Padres e hijos habían trabajado durante horas levantando estructuras condenadas a derretirse en el océano. Era solo un juego. Lo sabían cuando las construían. Pero lo que nuestro versículo de hoy describe no es un juego.

Veamos los comunes denominadores en el pasaje. Ambos hombres construyeron una casa y enfrentaron una tormenta. ¿Qué es una casa? Son paredes de protección, es un refugio, una fortaleza, un lugar para descansar y relacionarse; muchas veces, un lugar que define nuestro valor, nuestro estatus. Un lugar al que podemos llamar nuestro. Cada una de nosotras construye una casa para sí de un modo u otro.

Luego viene la tormenta. En toda vida, lo que construimos queda sujeto a vientos impetuosos e inundaciones. Y estas cosas vendrán. Cristo nos advierte que la única casa indestructible es la que construimos sobre la roca de Sus enseñanzas. La fuerza de nuestras casas no depende de nuestra salvación ni de nuestra fe. Depende de nuestra voluntad de vivir de acuerdo a la Palabra de Dios. Por cierto, es una idea inquietante.

Verás, podemos ser cristianas que jamás se pierdan una reunión en la iglesia y, sin embargo, nunca «profundicen» en la Palabra de Dios. Las excusas como: «No soy una persona estudiosa» no sirven. Somos un pueblo desesperado por la Palabra de Dios. El pueblo de Dios necesita más que nada conocer Su Palabra y estar dispuesto a darle a Él la libertad de ajustar nuestras vidas a Sus preceptos. Vivir de acuerdo a la Escritura trae sus garantías.

Es cierto que las tormentas vendrán, pero tenemos una promesa absoluta: nuestras vidas no colapsarán. Cada vez que salimos de un estudio bíblico o terminamos de escuchar un sermón y metódicamente comenzamos a diluir la verdad que hemos oído o a aplicársela a otros, comienzan a caer algunas tejas de nuestros techos, las placas de yeso sucumben en uno o dos lugares y nuestro cimiento se raja un poquito más.

No obstante, prevalece la mejor de las noticias. Cada vez que recibimos, creemos y aplicamos Su Palabra, Dios clava nuevas tejas a nuestro techo, refuerza las paredes con yeso y Su cemento fresco se endurece debajo de nuestros pies. Las tormentas vienen, pero la casa se mantiene en pie. Mientras tengamos aliento, nunca es demasiado tarde para que un necio se convierta en sabio.

Es mejor tener una choza sobre la Roca que un castillo sobre la arena.

Alabanza:

....

....

....

Arrepentimiento:

....

....

....

Reconocimiento:

....

....

....

....

Intercesión:

....

....

....

....

Súplica por mí misma:

....

....

....

....

Capacitación:

....

....

....

....

DÍA 22

«Por eso Jesús les dijo: —Para ustedes cualquier tiempo es bueno, pero el tiempo mío aún no ha llegado.» Juan 7:6

Lectura bíblica: Juan 7:1-9

Algunas veces, pensamos que los sufrimientos de Cristo se limitaron a Sus últimos días sobre la Tierra, y pasamos por alto las dificultades que enfrentó a lo largo de Su vida. Juan 7 describe uno de estos conflictos. Hacemos una mueca de dolor cuando leemos sobre el oficial que abofeteó a Cristo, pero el dolor no se compara con la bofetada emocional que recibió de Sus hermanos.

Jesús «a lo suyo vino, y los suyos no le recibieron» (Juan 1:11, RVR1960). Sufrió heridas personales mucho antes de que la corona de espinas horadara Su frente. ¿Imaginas las maravillas que se perdieron los hermanos de Jesús debido a su incredulidad? Cuando Cristo se enfrentó a su burla, les enseñó una lección vital sobre el momento oportuno. Él puede hablar con autoridad sobre el tema; el tiempo fue lo primero que creó. Génesis 1:1 comienza con las palabras: «En el principio». Antes de que Cristo creara la luz, tuvo que crear el tiempo. Antes de la creación, Dios el Padre, Dios el Hijo y Dios el Espíritu Santo habitaban en la eternidad. Como Creador del tiempo, Cristo puede manipularlo como decida.

Elección del momento oportuno: la manipulación del tiempo. Al refutar a Sus hermanos, Cristo trazó una línea en la arena que los separaba en cuanto a sus actitudes frente al tiempo. Les dijo: «Para ustedes cualquier tiempo es bueno, pero el tiempo mío aún no ha llegado».

Cristo vivía con un propósito: hacer la voluntad del Padre (ver Juan 6:38). Sus hermanos vivían para sí mismos. Uno consideraba que el tiempo era una herramienta sagrada que el Padre debía usar según Su sabiduría. Los otros percibían el tiempo como una invitación al oportunismo, para que cada hombre usara a discreción. Las discrepancias entre los hermanos respecto a los tiempos medían una diferencia mucho más profunda en los corazones de los hijos de María.

Tal vez hoy podamos aplicarnos la misma vara de medir. La actitud que tenemos hacia el tiempo oportuno puede arrojar luz sobre los deseos de nuestro corazón. Si anhelamos hacer la voluntad de Dios, esperaremos Su tiempo oportuno, aun cuando la pausa sea larga e incómoda. No ganamos nada con correr delante de Dios. Recordamos momentos en que lo hemos intentado y solo hemos quedado desconformes con los resultados. Si deseamos hacer nuestra propia voluntad, nos veremos inclinadas a pensar, como los hermanos de Cristo, que cualquier momento es el correcto. ¡Adelante! ¿Por qué esperar en Dios?

Juan 7:5 nos dice que los hermanos de Cristo no creían en Él en aquel momento. ¿No es asombroso cómo la fe afecta nuestras actitudes respecto al tiempo oportuno? ¿Verdaderamente creemos que Dios sabe *qué* es mejor para nosotras? Entonces, también podemos creer que sabe *cuándo* es mejor.

¿Esperas en Dios? ¿Estás ansiosa porque no llega una respuesta? Recuerda que nadie conoce mejor el momento oportuno que Aquel que creó el tiempo. Solo porque el momento adecuado aún no haya llegado, no significa que tengas que perder el tiempo. Usa cada segundo de espera para permitirle al Padre aumentar tu fe y profundizar tu confianza. Permanece tan cerca que, cuando finalmente Él diga «ahora», solo tenga que susurrarlo.

Alabanza:

....

....

....

....

Arrepentimiento:

....

....

....

Reconocimiento:

....

....

....

....

Intercesión:

....

....

....

....

Súplica por mí misma:

....

....

....

....

Capacitación:

....

....

....

....

....

DÍA 23

«Al instante vino sobre mí el Espíritu y vi un trono en el cielo, y a alguien sentado en el trono.»
Apocalipsis 4:2

Lectura bíblica: Apocalipsis 4

Restringido por las extremadas limitaciones del lenguaje humano, el apóstol Juan procuró describir lo gloriosamente inconcebible a través de imágenes que podamos ver y entender. Por más creativas o artísticas que seamos, nuestras imágenes de la sala del trono de Dios serán inevitablemente toscas. No poseemos vocabulario ni campo de experiencia donde recurrir. Aunque los detalles y las descripciones se nos escapan, una caracterización de lo que Juan pudo vislumbrar sobre la gloria es absolutamente clara. En medio de todo está el trono de Dios. Vuelve a mirar. El apóstol Juan presenta cada descripción en su relación específica con el trono de Dios. A las claras, todo lo demás empalidece en comparación con el tema central del cielo. En cuanto Juan llega en el Espíritu, sus primeras palabras son: «Al instante vino sobre mí el Espíritu y vi un trono en el cielo, y a alguien sentado en el trono». Luego, llena el cuadro con descripciones de los otros habitantes:

«... Alrededor del trono [...] un arco iris [...]. Rodeaban al trono otros veinticuatro tronos [...]. Del trono salían relámpagos [...]. Delante del trono ardían siete antorchas de fuego [...] y había algo parecido a un mar de vidrio, como de cristal transparente. [...] En el centro, alrededor del trono, había cuatro seres vivientes [...] los veinticuatro ancianos se postraban ante él y adoraban al que vive por los siglos de los siglos. [...] Y rendían sus coronas delante del trono...» (Apoc. 4:3-10).

Como ves, amada, desde la perspectiva del cielo, todo se ve en relación con el trono de Dios. Nada existe por sí mismo, porque nada puede entenderse aparte de su relación con el que está en el trono.

La Palabra de Dios nos ofrece gran aliento hoy. Cada vez que la Escritura da un esbozo del trono en el cielo, siempre está ocupado. ¡Anímate! Nunca despertarás por la mañana para encontrarte con un desalentador titular como: «El trono de Dios declarado vacante». Jamás tendrás que preguntarte si Dios sigue ocupando Su trono. Él nunca abandona Su lugar; jamás abdica a Su autoridad ni renuncia a Su rol como Soberano Gobernante del cielo y de la Tierra. Además de que Él está siempre en el trono, las cosas y los sucesos se perciben en la perspectiva adecuada solo cuando los vemos en relación con Aquel que está en Su trono.

Tu vida, tu familia, tu trasfondo, tu salud, tu trabajo, tu servicio, tus circunstancias... ¿de qué modo diferente verías estas cosas si pudieras verlas solo en relación con Dios en Su trono? Cualquier otro enfoque nos da una visión borrosa. Intenta una nueva manera de ver las cosas: la única perspectiva verdadera.

Alabanza:

....

....

....

....

Arrepentimiento:

....

....

....

....

Reconocimiento:

....

....

....

....

Intercesión:

....

....

....

....

Súplica por mí misma:

....

....

....

....

Capacitación:

....

....

....

....

DÍA 24

«Entonces el Señor le dijo a Moisés: "Voy a hacer que les llueva pan del cielo. El pueblo deberá salir todos los días a recoger su ración diaria. Voy a ponerlos a prueba, para ver si cumplen o no mis instrucciones".» Éxodo 16:4

Lectura bíblica: Éxodo 16

El relato del envío de maná a los hijos de Israel por parte de Dios es una de las expresiones más hermosas de Su provisión en la Escritura. Permitió que Sus hijos pasaran hambre en el desierto. No tenían ni los medios ni la esperanza de adquirir comida.

Por cierto, Dios no tenía intenciones de permitir que Sus hijos murieran de hambre, pero habría podido satisfacer sus necesidades de otras maneras. Habría podido hacer que el desierto produjera vegetación (una tarea menor para el Creador), o disminuir el apetito de los israelitas y reducir los requerimientos de comida de sus cuerpos (otra pequeña tarea para el que formó el cuerpo humano). En cambio, escogió hacer llover pan de la cocina del cielo seis días a la semana durante cuarenta años. Nunca tuvieron que pedirlo. Rodeados por un terreno estéril, recibían en abundancia.

En medio de este maravilloso capítulo, hay una frase que no debemos perdernos: «Voy a ponerlos a prueba». Algunas veces, una dosis constante de abundancia puede ser una prueba más difícil que una de necesidad. Tenemos abundancia, pero «necesitamos» más.

En los Estados Unidos, vivimos en la tierra del maná. Tal vez porque nuestra nación fue fundada sobre Cristo, casi todos pueden llevar algo al estómago a diario con solo «salir todos los días a recoger su ración diaria». Pero algunas veces, olvidamos que el sustento diario no es tan simple de recoger para todos. En otras tierras, los habitantes se mueren de hambre todos los días. No solo debemos suspirar de alivio y estar agradecidos por no estar entre ellos. Nuestra abundancia es una prueba.

¿Cuál es el propósito de la prueba de la abundancia? Según Éxodo 16:4: «para ver si cumplen o no mis instrucciones». Dios señala una abrumadora tendencia en la naturaleza humana. Somos mucho menos propensos a obedecer cuando no tenemos necesidad.

La necesidad nos obliga, de algún modo, a reordenar nuestras prioridades, ¿no es así? Si pertenecemos a Cristo y tenemos carencias, tarde o temprano, podemos comenzar a evaluar si estamos llevando vidas obedientes que Dios puede bendecir. Estar frente a frente con la necesidad es un incentivo eficaz para obedecer. Pero ¿qué me dices de una dosis diaria de abundancia? No me refiero a la riqueza, sino solo a la ausencia de preocupación en cuanto a si nuestra familia comerá cada semana. Tal como los israelitas en el desierto, nuestro mayor dilema es cómo cocinaremos y serviremos el maná de hoy, no si tendremos maná.

Aquí radica la prueba. ¿Debemos estar en inmediata necesidad para tener vidas obedientes?

Dios es sumamente fiel; todos los días. Ah, cuánto se deleita en la obediencia que nace de algo profundamente interno, de un corazón de amor y devoción. Pídele hoy que te ayude a convertirte en una hija de Dios cuyos niveles de obediencia estén menos regulados por las circunstancias y más gobernados por el amor.

Alabanza:

....

....

....

....

Arrepentimiento:

....

....

....

....

Reconocimiento:

....

....

....

....

Intercesión:

....

....

....

Súplica por mí misma:

....

....

....

Capacitación:

....

....

....

DÍA 25

«Aleja de tu boca la perversidad; aparta de tus labios las palabras corruptas.» Proverbios 4:24

Lectura bíblica: Proverbios 4:24-27; Isaías 6:5

Al igual que el profeta Isaías, vivimos «en medio de pueblo que tiene labios inmundos» (Isa. 6:5, RVR1960). El lenguaje perverso y la conversación corrupta inundan nuestra cultura de tal manera que corremos el riesgo de insensibilizarnos. ¿Cuántas veces hemos encendido el televisor y nos ha sorprendido que cierta palabra haya tenido permiso para viajar por los aires públicos?

Nos acostumbramos a oír una palabra justo a tiempo para escuchar otra. En nombre del entretenimiento, lentamente y a veces sin saberlo, hemos ido bajando nuestras normas. Si no tenemos gran cuidado de resistir, es probable que también nos volvamos hombres y mujeres de «labios inmundos».

Lo que oímos tiene un tremendo impacto en cómo hablamos. Mi fuerte acento de Texas y Arkansas es un buen ejemplo. No puedo cruzar el límite de Texas sin que alguien me pregunte: «¿De dónde eres? ¡No puedo ubicarte!». Cuando me mudé a Texas, no tenía intención de desarrollar otro acento, pero cuanto más oigo ese tono nasal, más lo repito.

El acento físico que tenemos se ve afectado por la región donde vivimos. Nuestro acento espiritual también varía según las áreas que decidimos ocupar. Dios desea y espera que, tanto nuestro lenguaje como nuestros dichos, lo glorifiquen. A medida que el lenguaje perverso y la conversación corrompida aumentan a nuestro alrededor, debemos esforzarnos por permanecer como personas de labios limpios.

El apóstol Pablo nos recuerda que «nosotros somos ciudadanos del cielo» (Fil. 3:20). Dios desea que nuestro lenguaje revele de dónde somos.

No revelamos nuestro verdadero hogar mediante una jerga religiosa que la gente no puede comprender, sino mediante la pureza del lenguaje, ¡y a veces, por lo que no decimos! Algunas veces, el solo hecho de negarnos a hablar como lo hace el mundo es una poderosa herramienta de testimonio.

Dejemos que Dios nos lave la boca cuando sea necesario (como cuando estamos enojadas o cuando tratamos de imponer nuestro punto de vista, e incluso cuando simplemente tratamos de ser graciosas). En Cristo, tenemos maneras de manejar el enojo, de presentar nuestro punto de vista y de disfrutar del buen humor, sin comprometer nuestro lenguaje. Dios puede ayudarnos a romper viejos hábitos y a formar nuevos. Una manera de lograrlo es pasar tiempo con gente que hable con «acentos» que admiremos.

¿Cuáles son dos personas cuya forma de hablar admiras?

¿Qué es lo que te impresiona de su manera de hablar?

¿Hay algo específico que podrías hacer para parecerte más a ellas en tu modo de hablar?

A medida que elevemos nuestro estándar de expresión, no pasará mucho tiempo hasta que alguien exclame: «¿De dónde eres? ¡No puedo ubicarte!».

Alabanza:

....

....

....

....

Arrepentimiento:

....

....

....

....

Reconocimiento:

....

....

....

....

Intercesión:

....

....

....

....

Súplica por mí misma:

....

....

....

....

Capacitación:

....

....

....

....

DÍA 26

«Jesús le respondió: —Escrito está: "No sólo de pan vive el hombre, sino de toda palabra que sale de la boca de Dios".» Mateo 4:4

Lectura bíblica: Mateo 4:1-11

Todos los creyentes en Cristo experimentarán a veces confrontaciones intensas con el enemigo. En esos momentos, la persistencia de Satanás puede parecer abrumadora. La Escritura registra el encuentro de cuarenta días que tuvo Jesús con el tentador, para que podamos aprender una lección sobre Su éxito. Cristo ganó la batalla al usar con suma habilidad la Palabra de Dios. Efesios 6:17 llama a la Palabra la «espada del Espíritu». La Escritura es la única arma ofensiva que tenemos contra el maligno. Las otras piezas de la armadura descrita en Efesios 6 son de naturaleza defensiva. El enemigo puede ser implacable en su ataque. Si queremos tener victoria durante tiempos de intensa batalla, debemos aprender algunas lecciones de Cristo, el supremo espadachín. Aquí tenemos algunos consejos basados en Su ejemplo.

Familiarízate con la Escritura. No venimos equipadas con conocimiento de la Escritura. Debemos estudiarla. Esta clase de estudio no es un mero aprendizaje de la historia bíblica. El estudio de la Biblia implica la relación con una persona. «Y el Verbo se hizo hombre y habitó entre nosotros...» (Juan 1:14). Cristo no aprendió la Palabra; ¡Él es la Palabra!

Memoriza las Escrituras. En el desierto, Cristo no sacó la Torá de bolsillo y comenzó a dar vuelta las páginas. No siempre tenemos la Biblia al alcance de la mano. Necesitamos una provisión de versículos de fácil acceso escondidos en nuestro corazón, para los momentos en que enfrentamos la tentación. El Salmo 119:11 declara: «En mi corazón atesoro tus dichos para no pecar contra ti».

Aprende a aplicar la Escritura. Cristo le respondió a Su adversario con versículos específicos que se aplicaban a cada tentación. Aprende a responder al enemigo con la Escritura dirigida específicamente a tu tentación o batalla. Recuerdo un tiempo en que me planté osadamente sobre la Palabra de Dios. El problema era que casi nunca me bajaba a abrirla. Proclamaba creer algo que conocía poco. No podemos plantarnos sobre una Biblia cerrada. Debemos abrirla, aprenderla y aplicarla. Una concordancia bíblica es un gran recurso para ayudarnos a encontrar versículos adecuados para una necesidad en particular.

Sé persistente. Si el enemigo no retrocede, no tienes otra opción más que seguir luchando. El diablo no metió la cola entre las patas y salió corriendo la primera vez que Cristo blandió la Espada del Espíritu. Podemos estar bastante seguras de que no retrocederá fácilmente. Una sola reprensión no siempre da resultado cuando nos encontramos en un tiempo de lucha espiritual.

Primera Corintios 10:11 habla sobre las experiencias de los israelitas: «Todo eso les sucedió para servir de ejemplo, y quedó escrito para advertencia nuestra...».

En contexto, el apóstol Pablo se refería específicamente a lecciones extraídas de ejemplos pobres. Dios nos proporcionó los cuatro Evangelios que registran la vida terrenal de Jesús, de modo que podamos aprender de un ejemplo perfecto.

Cristo sabe cómo manejar una espada. No perdamos la oportunidad de tomar lecciones con Él.

Alabanza:

....

....

....

....

Arrepentimiento:

....

....

....

....

Reconocimiento:

....

....

....

....

Intercesión:

....

....

....

....

Súplica por mí misma:

....

....

....

....

Capacitación:

....

....

....

....

DÍA 27

«Tu palabra, Señor, es eterna, y está firme en los cielos.» Salmo 119:89

Lectura bíblica: Salmo 119:89-96

Vivimos en la era de la información. Los recursos que tenemos al alcance son impactantes. Hay consejo «profesional» a raudales en todas las radios o canales de televisión. Internet ofrece abundancia de datos. Tenemos acceso a consejos sobre salud, finanzas, relaciones y moda; consejos que van desde la paternidad hasta la plomería. Si tienes el tiempo, ellos tienen los consejos. Hay un solo impedimento: cuando optas por cambiar, ellos cambian.

El *software* de ayer exige la actualización de hoy. Cuando llega el momento de cambiar el cartucho de tu nueva impresora, la mirada indignada del vendedor te dice que tu modelo ya no se fabrica más. Los consejos de salud de ayer son los horrores de hoy.

Estamos bombardeadas por fluctuación de información. ¿Verdaderamente estamos avanzando? ¿Cómo deberíamos criar a nuestras familias? Las ideas sólidas sobre la paternidad de nuestros padres y abuelos se ven asaltadas por los expertos de hoy. Nos apresuramos a reajustar nuestros métodos y, para entonces, nos enteramos de que las reglas han cambiado. En cuanto queramos acordar, seremos las malas de la película, ¡y mira quién nos aconseja! Hay personas solteras en los programas de televisión que ofrecen consejos matrimoniales y otros, que evidentemente están bajo el efecto de alucinógenos, nos dan consejos de moda. Da miedo, ¿no?

Mientras el remolino de información gira a nuestro alrededor, tenemos un ancla en la Palabra de Dios. Todos los pacificadores del mundo no pueden escribir una mejor tesis sobre vida comunitaria que los Diez Mandamientos. Todos los siquiatras de las páginas amarillas no pueden escribir un plan de salud emocional mejor que el perdón bíblico y la sanidad divina. Todos los consejeros financieros de Wall Street no pueden sugerir un manejo más sabio del dinero que el libro de Proverbios. ¿Consejo matrimonial? ¿Satisfacción sexual? ¿Pautas para las sociedades de negocios? ¿Cómo ser soltero y feliz? Todo está allí. Y lo mejor es que jamás necesita una actualización.

La Palabra de Dios resiste la prueba del tiempo y fue escrita deliberadamente para que fuera pertinente a toda generación. ¿Por qué? Porque su consejo se aplica más allá de los cambios que se produzcan en nuestra vida.

Mi abuela creció a finales del siglo XIX, y fue criada en los principios de la Palabra de Dios. Sobrevivió a la pérdida de ambos padres, a la pobreza de la Gran Depresión y a la muerte de su esposo y de tres hijos pequeños, aferrándose a lo que llamaba su «Testamento». Fue testigo del cambio de siglo, pero cuando murió en 1973, jamás habría podido imaginar el mundo del nuevo milenio.

Aunque una sociedad diferente a la de ella nos complica la vida, la Palabra de Dios sigue siendo adecuada para sus nietos y sus hijos. No tenemos idea de lo que les espera a las futuras generaciones. ¿Un desastre nuclear? ¿La cura para el cáncer? ¿Un colapso económico? ¿La colonización de la luna? No lo sabemos. Los tiempos cambiarán, pero la Palabra de Dios permanece sólida. Busca el legado del consejo atemporal, de aquellos principios que durarán cuando la tecnología de hoy sea la risa del futuro. «El cielo y la tierra pasarán, pero mis palabras jamás pasarán» (Mat. 24:35).

Alabanza:

....

....

....

....

Arrepentimiento:

....

....

....

....

Reconocimiento:

....

....

....

....

Intercesión:

....

....

....

....

Súplica por mí misma:

....

....

....

....

Capacitación:

....

....

....

....

DÍA 28

«Sabía Jesús que el Padre había puesto todas las cosas bajo su dominio, y que había salido de Dios y a él volvía; así que [...] comenzó a lavarles los pies a sus discípulos...» Juan 13:3-5

Lectura bíblica: Juan 13:1-17

Imagina que Cristo se aparece ante ti en este mismo instante, se arrodilla en el suelo y te lava los pies. No es una idea que nos haga sentir muy cómodas. ¿Te sientes identificada con la afirmación impulsiva de Pedro: «¡Jamás me lavarás los pies!» (Juan 13:8)? ¡Una vez me costó decidir qué hacer con el regalo de una sesión de pedicuría! ¡Nadie quiere poner los pies en manos de otro! Según mi opinión, por eso están unidos al tobillo y no a la muñeca.

Las acciones de Cristo sorprendieron a los discípulos. El sirviente más bajo de la casa era quien lavaba los pies. Si Cristo hubiera pedido que uno de ellos le lavara los pies, dudo que hubiera tenido voluntarios. En la versión de Lucas de la misma comida, «tuvieron además un altercado sobre cuál de ellos sería el más importante» (Luc. 22:24). Podemos estar casi seguras de que este «altercado» llevó a una lección sobre el servicio mediante el lavamiento de pies.

A través de este acto inolvidable, Cristo arrojó luz sobre las diferencias de los discípulos. Ellos querían una posición; Él quería posesión. Ellos deseaban importancia; Él anhelaba testigos. Sin embargo, estaban de acuerdo en un objetivo; querían la grandeza y Él quería otorgársela... a Su modo. En Marcos 10:43-44, Cristo dijo: «Pero entre ustedes no debe ser así. Al contrario, el que quiera hacerse grande entre ustedes deberá ser su servidor, y el que quiera ser el primero deberá ser esclavo de todos».

Como nos sucede a nosotras, a los discípulos muchas veces les gustaban las metas de Cristo, pero no Sus métodos. ¿Cuál es la norma del Señor para el siervo verdadero? En Marcos 10:45, declaró: «Porque ni aun el Hijo del hombre vino para que le sirvan, sino para servir...». Al igual que los discípulos, queremos ser líderes. Tal vez no deseemos en particular la responsabilidad del liderazgo, pero nos interesaría el prestigio. Nos gusta la idea de ser respetadas y tenidas en alta estima. El Nuevo Testamento dice muy poco sobre el liderazgo, pero tiene un vasto contenido sobre el servicio. Tanto mediante palabras como obras, Cristo proclama: mis líderes son mis siervos.

¿Por qué nos cuesta tanto humillarnos con actitudes de servicio como la del lavado de pies? Una de las principales razones es que sufrimos de una crisis de identidad. Seguimos definiéndonos a través de las percepciones y reacciones de otros. Cristo podía lavar pies sucios porque sabía quién era. Podía arrodillarse para servir a un grupo de tontos ventajeros porque Su identidad provenía del Padre. Sabía quién era para Dios.

Cuanto más conocemos a Dios a través de la oración y de Su Palabra, más conscientes seremos y más cómodas nos sentiremos con nuestra verdadera identidad. No importará si otros nos tienen en alta estima. Nos humillaremos gustosamente ante ellos, porque alguien muy superior nos tiene en alta estima.

Por extraño que parezca, Cristo tiene en mente nuestra futura grandeza. Y se la otorga a aquellos que han vivido humildemente, con el regazo lleno de pies.

Alabanza:

....

....

....

....

Arrepentimiento:

....

....

....

....

Reconocimiento:

....

....

....

....

Intercesión:

....

....

....

....

Súplica por mí misma:

....

....

....

....

Capacitación:

....

....

....

....

DÍA 29

«Hijo mío, no tomes a la ligera la disciplina del Señor ni te desanimes cuando te reprenda, porque el Señor disciplina a los que ama.» Hebreos 12:5-6

Lectura bíblica: Hebreos 12:4-13

El Señor administra disciplina. Nunca lo dudes. Es demasiado fiel como para dejarnos salir con la nuestra en lo que pensamos, decimos y hacemos. Se ha propuesto hacernos crecer, glorificarse en nosotras y entregarnos a Su Hijo como una novia adecuada y preparada (Apoc. 19:7). Para completar la buena obra que comenzó en nosotras, se necesita disciplina.

¿Cuál definición de disciplina tenía en mente el escritor? Miremos nuevamente el versículo 11. Podemos describir la disciplina del Señor como Su medio para enseñarnos lecciones útiles de maneras dolorosas. Es verdad, algunas son más dolorosas que otras. El escritor de Hebreos nos ofrece maravillosas palabras de aliento en medio de la disciplina. Consideremos algunas.

Dios solo disciplina a los que ama. El texto de hoy nos da razón para preocuparnos si nunca hemos experimentado la disciplina del Señor. Si la has experimentado, amada, puedes contarte entre Sus hijos. Los incrédulos algunas veces experimentan la ira de Dios; pero según Hebreos 12, solo Sus hijos reciben Su disciplina. ¿Cómo conocemos la diferencia? La ira es de naturaleza condenatoria; la disciplina es de naturaleza correctiva.

Dios siempre disciplina con pericia. Es el padre experto en disciplina. «En efecto, nuestros padres nos disciplinaban [...] como mejor les parecía» (v. 10). Dios nos disciplina porque sabe lo que es mejor. A diferencia de nosotras, Él no tendrá remordimientos como Padre. No se vuelve más sabio con la edad. Algún día no será un abuelo que diga: «Hubiera querido saber entonces lo que sé ahora». Es omnisciente. Ve cada detalle, conoce cada motivación, lee cada pensamiento y discierne cada corazón. Aplica su amorosa disciplina a la perfección.

Dios nunca disciplina sin tener un beneficio en mente. Hebreos 12:11,13 enumera al menos tres beneficios que trae la disciplina al hijo enseñable: justicia, paz y sanidad. El enfoque franco de Proverbios 12:1 me hace reír: «... ¡hay que ser tonto para no aprender del castigo!» (TLA). No es para menos. ¡Mira las ganancias!

Cuando me acercaba a cumplir 40 años, con temor y turbación, comencé a pedirle a Dios que fuera estricto conmigo. Vi que Sus maneras producen constantes ganancias, y las mías, constantes pérdidas. Profundamente, deseaba vivir con santidad y glorificarlo. Esta sigue siendo mi constante búsqueda y mi lucha diaria. Como dijo el apóstol Pablo: «Hermanos, no pienso que yo mismo lo haya logrado ya. Más bien [...] sigo avanzando...» (Fil. 3:13-14).

Actualmente, Dios está haciendo lo que le pedí. Es muy estricto conmigo y nunca intento cruzar una línea sobre la que lo encuentro parado. Para cruzarla, debo desafiar por completo Su autoridad. Nunca he sido tan disciplinada... y nunca he sido tan libre. Todavía soy capaz de desafiarlo de maneras horribles; pero si me atrevo a hacerlo, oro para que Su amorosa disciplina me lleve de una oreja a casa.

Oh, amada hija de Dios, el Padre sabe qué es mejor.

Alabanza:

....

....

....

....

Arrepentimiento:

....

....

....

Reconocimiento:

....

....

....

....

Intercesión:

....

....

....

....

Súplica por mí misma:

....

....

....

....

Capacitación:

....

....

....

....

DÍA 30

«Cuando se acercaba a Jerusalén, Jesús vio la ciudad y lloró por ella. Dijo: —¡Cómo quisiera que hoy supieras lo que te puede traer paz! Pero eso ahora está oculto a tus ojos.» Lucas 19:41-42

Lectura bíblica: Lucas 19:28-44

A menudo, cometemos el error de imaginar que Cristo prácticamente no tiene emociones; no está verdaderamente contento, ni verdaderamente triste. Siempre equilibrado. En marcado contraste, la Palabra de Dios describe a un hombre estimulantemente emotivo, y a la vez perfecto como nadie.

Las traducciones de la Escritura suelen ser menos descriptivas que los textos hebreos y griegos. Al indagar en las descripciones originales de las emociones de Cristo, descubrimos que, algunas veces, danzó y saltó con gran gozo. También nos enteramos de que se afligió, y no solo con lágrimas que le corrían por las mejillas. Expresó una aflicción vívida con manifestaciones de enojo. En realidad, la palabra original para el llanto de Jesús en el versículo 41 es *klaio*, «que implica no solo el derramamiento de lágrimas, sino también toda expresión externa de dolor».[9]

Recuerda que el pueblo hebreo era muy demostrativo. ¡Nadie tenía que enseñarles a expresar sus sentimientos! Tal vez te preguntes qué podría molestar lo suficiente a Cristo como para hacerlo actuar con «toda expresión externa de dolor». ¿Fue la muerte de Lázaro? No. ¿Fue Su agonía en el huerto de Getsemaní? No. ¿Fue el abandono de Sus discípulos? Tampoco. Acabas de leer el relato en Lucas 19:41-42. Insertemos la definición: «Cuando se acercaba a Jerusalén, Jesús vio la ciudad y [actuó con *toda expresión externa de dolor*] por ella». ¿Por qué? Porque Jerusalén había rechazado al Príncipe de paz. La ciudad de Sión sigue convulsionada por la misma razón. Tristemente, lo mismo sucede con muchos cristianos. Cristo no soporta vernos en constante turbulencia.

Si supieras que vas a morir esta noche, ¿qué tesoro les dejarías a tus seres queridos? Estoy segura de que algo que fuera valioso para ti. Justo antes de Su crucifixión, Cristo dijo: «La paz les dejo; mi paz les doy. Yo no se la doy a ustedes como la da el mundo. No se angustien ni se acobarden» (Juan 14:27). En este versículo, Jesús dejó algo de valor inmenso: paz.

¿Recuerdas algún momento en que la paz de Cristo te haya dado el poder para enfrentar una situación que, en circunstancias normales, te hubiera dejado fuera de control? Si es así, alábalo por eso. ¿Recuerdas algún momento en que necesitabas la paz de Cristo, pero te sentías aislada? En ese caso, ¿qué pudiste aprender de la experiencia?

Por razones que pertenecen a la gloria eterna, es probable que Cristo no quite instantáneamente tu dolor, tu espina o tu enfermedad, pero sin importar cuál sea la prueba, puedes recibir Su paz. Es tu legado. Tu herencia. Tu derecho. No tienes por qué seguir conmocionada. No hay nada que le rompa más el corazón a Cristo que nos neguemos a estar en paz con Él.

Cristo te ofrece paz. Hoy y todos los días. Reclámala ahora.

Alabanza:

....

....

....

....

Arrepentimiento:

....

....

....

....

Reconocimiento:

....

....

....

....

....

Intercesión:

....

....

....

Súplica por mí misma:

....

....

....

Capacitación:

....

....

....

....

DÍA 31

«Y Dios le ordenó: —Toma a tu hijo, el único que tienes y al que tanto amas, y ve a la región de Moria. Una vez allí, ofrécelo como holocausto en el monte que yo te indicaré.» Génesis 22:2

Lectura bíblica: Génesis 22:1-19

La escritura de hoy es perturbadora, ¿no? Sabemos que: «A todo el que se le ha dado mucho, se le exigirá mucho» (Luc. 12:48), pero con gusto nos haremos a un lado y permitiremos que a otro se lo llame fiel si esa es la clase de sacrificio que se necesita. Sin embargo, no podemos hacernos a un lado con la rapidez que quisiéramos. Tenemos más en común con Abram, padre de una multitud de naciones (Gén. 17:5) de lo que pensamos. Considera algunas comparaciones.

En primer lugar, nuestras pruebas más profundas incluyen a los que más amamos. Sabes que es así; te ha sucedido. Cada una de nosotras puede recordar vívidamente un tiempo en el que Dios nos llamó a rendirnos por completo y a rendir el sentido de posesión sobre alguien a quien amamos, tal vez incluso alguien a quien casi adorábamos.

Segundo, también experimentamos momentos cuando creemos que hemos recibido dos mensajes de Dios que parecen diametralmente opuestos. Abraham entendió que Dios le decía que tendría una descendencia más grande que el número de estrellas en el cielo. Luego, recibió la orden de sacrificar al único heredero legítimo sobre el altar. A medida que confiamos constantemente en Aquel que nos llamó, con el tiempo, reconoceremos que Dios es el verdadero reconciliador de lo irreconciliable.

Verás, Dios no condujo mal a Abraham. Le dijo que sacrificara a su hijo sobre el altar y, sin duda, Abraham lo hizo. No lo asesinó.

Más bien, pudo ofrecerle a Dios un sacrificio vivo. Vale destacar que tampoco es fácil ofrecer sacrificios vivos. Algunas veces, soltar a la persona que permanece con nosotras puede ser una prueba más dolorosa que soltar al que ha sido quitado de nuestro alcance. Se nos presenta una prueba constante durante la cual debemos ofrecer continuamente a nuestros seres amados a Aquel que los ama más.

Veo una comparación final. Dios usó a Abraham y a Isaac para enseñarles a otros sobre sí mismo. La ofrenda sustituta del carnero atrapado por los cuernos en el matorral se convirtió en una de las imágenes clave de la Biblia para transmitir el mensaje del evangelio. La sombra de la cruz cayó sobre el monte Moria aquel día. Todas hemos estado atadas al altar de la muerte y luego se nos ha dado la oportunidad de recibir la libertad de la vida eterna a través del Cordero perfecto, cuya cabeza fue lacerada por espinas, y quien estuvo dispuesto a tomar nuestro lugar.

Es probable que nuestros desafíos presentes no sean tan dramáticos como los de Abraham, pero nosotras también podemos permitir que nuestras vidas se conviertan en ayudas visuales mediante las cuales Dios pueda enseñar a otros sobre sí mismo y sobre Sus caminos fieles. Te pido ahora que leas en la página siguiente las palabras que Dios me dio durante un tiempo en el que me llevó a mi propio monte Moria. Solo tú sabes cómo se aplica este mensaje a ti. Por favor, permite que Dios hable a tu corazón.

Confíame a tu Isaac

Para todo Abraham que se atreva
a besar el suelo extraño
donde asimos la gloria un momento
y la cultivamos de allí en adelante...

La voz de Dios
no se pronuncia
hasta que el viajero oye
«¡Abraham! ¡Abraham! ¡Trae aquí a tu Isaac!».

«No traigas el sacrificio defectuoso.
¿Qué es lo que amas más?
No mires a la distancia,
encontrarás cerca a tu Isaac».

«Oigo cómo se rompe tu corazón
se rompe entre dos amores,
aquel que retiene tu visión
el Otro escondido en lo alto».

«¿Confías en mí, Abraham
en tu más sombrío temor?
¿Abrirás los dedos de tu mano
y me traerás a Isaac?»

«¿Acaso no he hecho promesas?
¡Aférrate pues a ellas!
Soy el que ama tu alma
el que levanta tu cabeza».

«Créeme, oh Abraham mío,
cuando cegado estés por el costo.
Acomoda el altar de madera
y considera tus ganancias como pérdidas».

«Deja que las lágrimas laven tus ojos ciegos
hasta que corrido el velo puedas ver:
el carnero atrapado en ese matorral
para liberar a tu amado Isaac».

«Tal vez lo mande monte abajo
para que camine a tu lado.
Ya no sujeto en tu puño de acero,
sino seguro en el de mi mano».

«O puedo envolverlo en el viento
y de tu vista desaparecerá
para algo mejor que no puedes alcanzar,
¡cree con todas tus fuerzas!».

«Levanta la vista, amado Abraham.
¿Las estrellas puedes contar?
Multitudes se levantarán a cosechar
del amado amigo de Dios».

«Pasa la prueba, hijo fiel;
póstrate ante mí como Señor.
Confíame a tu Isaac y verás,
tu gran Recompensa yo soy».

Alabanza:

....

....

....

....

Arrepentimiento:

....

....

....

....

Reconocimiento:

....

....

....

....

Intercesión:

....

....

....

....

Súplica por mí misma:

....

....

....

....

Capacitación:

....

....

....

....

....

DÍA 32

«¿Quién es éste, que oscurece mi consejo con palabras carentes de sentido?» Job 38:2

Lectura bíblica: Job 38:1-41; 40:1-5

Por casualidad, ¿últimamente te has olvidado de que Dios es Dios? Como sucedió con Job y sus consejeros, ¿has recibido un baldazo frío de realidad de parte de Dios? ¡Yo sí! Cuando Él ve que me estoy volviendo un poquito insolente, con cuidado, restablece nuestros roles.

Probablemente, a mis hijos les encantaría saber que he probado mi propia medicina. Verás, en una escala mucho menor, me he encontrado del otro lado de este conflicto por el control. Tengo una hija muy terca que, según la opinión intencionada de la madre, es una de las criaturas más maravillosas que Dios ha puesto jamás sobre esta Tierra. Por mucho que la amo, cada dos meses, casi como un reloj, tenemos un encontronazo. Nació líder y comenzó a practicar sus habilidades en nuestra familia inmediatamente. Con frecuencia, tenemos que establecer quién manda.

Por lo general, mi preciosa hija se queda dentro de los límites aceptables. Su personalidad un tanto insolente es más bien adorable y muchas veces divertidísima, pero gradualmente, empieza el siguiente intento de golpe de Estado. Comienza con una actitud pequeña. Si no hacemos nada, la actitud se transforma en audacia a gran escala que lleva a la inevitable explosión (por lo general, la mía).

La explosión siempre sale con las mismas palabras: «Ahora escúchame: Yo soy tu madre. YO SOY LA QUE MANDO. ¿ENTENDIDO?». Ella estalla en llanto, probablemente me escribe una carta malvada que nunca veo, le cuenta a su papá lo sucedido (que después se ríe de nosotras), lo consulta con la almohada y, a la mañana siguiente, se levanta mansa como

un cordero. Bueno, tal vez una cabra, pero es la cabra más hermosa que jamás hayas visto. Y comenzamos de nuevo.

Creo que, algunas veces, Dios tiene que tirarnos de la cuerda de manera similar. Nos ama con todo Su corazón y le resultamos extremadamente adorables. Así es, incluso cómicas algunas veces. Entonces, comenzamos nuestros intentos de golpe de Estado; queremos tener el control. ¿Cómo comienza? Como sucede con mi hija. Comenzamos con una actitud pequeña. Luego, la actitud se abre camino por nuestra boca. Es entonces cuando Dios dice: «¿Quién es éste que oscurece mi consejo con palabras carentes de sentido?». Yo lo diría de esta manera: «No tienes idea de qué estás hablando». Si se pasa por alto, esta actitud se convierte en descarada audacia y a esa altura, podemos estar seguras de que Dios tratará con nosotras; no como un juez perverso, sino como un padre amoroso que tiene toda la intención de criar una hija respetuosa.

Volvamos a las preguntas que Dios le hizo en el capítulo 38 a Su hijo, Job, que se había puesto un poco atrevido. ¿Cuál fue tu favorita? Memorízala como yo memorizo la mía y, cada vez que el Espíritu de Dios nos convence de audacia, imaginemos que oímos la misma pregunta directamente de Sus labios. Algunas veces, cuando Dios afirma Su calidad de Dios para hacernos retroceder dentro de los límites correctos, nos sentimos heridas y hacemos un escándalo. Luego, si nuestros corazones son verdaderamente suyos, regresamos a Él con una sumisión fresca, mansas como corderos (o tal vez cabras, pero cabras bonitas).

Alabanza:

....

....

....

....

Arrepentimiento:

....

....

....

....

Reconocimiento:

....

....

....

....

Intercesión:

....

....

....

....

Súplica por mí misma:

....

....

....

....

Capacitación:

....

....

....

....

DÍA 33

«—O vas con todos nosotros —replicó Moisés—, o mejor no nos hagas salir de aquí.» Éxodo 33:15

Lectura bíblica: Éxodo 33:1-17

Moisés tenía una relación excelente con Dios. Las Escrituras revelan: «Y hablaba el Señor con Moisés cara a cara» (v. 11). No vio el rostro de Dios (v. 23); más bien experimentó un indescriptible nivel de intimidad que proviene de dos personas que están completamente atentas a las expresiones la una de la otra. «Y hablaba el Señor con Moisés cara a cara, como quien habla con un amigo» (v. 11).

Cuidado; la Escritura no dice que Moisés hablaba con Dios como uno que habla con su amigo. Lo asombroso aquí es que Dios le hablaba a Moisés como un hombre habla con su amigo. El pasaje describe cómo el Señor conversa con un amigo. Me cuesta entenderlo. Dios y Moisés estaban tan profundamente ligados que el cansado siervo no podía soportar la idea de dar un solo paso sin la presencia de Dios.

El Señor le prometió que enviaría un poderoso ángel delante y los guiaría al destino que Él les daría. Le aseguró el éxito a Moisés, pero él no quería buenos resultados; deseaba a Dios. El ejemplo del anciano se levanta como una norma elevada para nosotras hoy. ¿Nos conformaríamos si Dios simplemente nos asegurara el éxito y la victoria personales para alcanzar nuestros destinos divinos? ¿Y si también nos prometiera la seguridad de que un poderoso ángel constantemente preparará el camino y peleará nuestras batallas? ¿Y si hubiera solo una condición: no experimentar la cercanía de la presencia de Dios? ¿Cómo te sentirías si el Señor te prometiera éxito y victoria, pero sin Su presencia?

¿Nos daríamos cuenta de la diferencia? ¿Seguiríamos adelante con recelo o cambiaríamos cada victoria, cada sueño hecho realidad, nuestro destino escogido, tan solo para disfrutar de Su presencia? Preguntas difíciles. Pero pienso que si conociéramos a Dios (si lo conociéramos tan bien como para que Él sintiera que puede hablar con nosotras como con una amiga y abrirnos SU corazón tal como nosotras le abrimos el nuestro) cambiaríamos todo solo por disfrutar Su presencia.

Una vez que nos acostumbramos a la presencia de Dios en nuestra vida y que Él se convierte en nuestro compañero más íntimo, nos sentimos desconsoladas lejos de Él. Al decir «presencia» no me refiero a la salvación, sino a la sensación de Su presencia a través de una relación íntima, cara a cara. No desearemos nada que apague la conciencia de Su cercanía. Y cuando sofocamos esa conciencia con nuestro egoísmo, correremos arrepentidas. No querremos hacer un movimiento sin recibir una respuesta a esta pregunta: «¿Tu presencia irá conmigo, Dios? Si no, déjame en el desierto, guarda la leche y la miel, y mantén el Jordán fuera de mi vista. Porque si tu presencia no va conmigo, no me saques de aquí».

La tierra prometida es la tierra de Su presencia. Sin Él, ¿qué otra cosa puede ser codiciable?

Alabanza:

....

....

....

....

Arrepentimiento:

....

....

....

....

Reconocimiento:

....

....

....

....

Intercesión:

....

....

....

....

Súplica por mí misma:

....

....

....

....

Capacitación:

....

....

....

....

DÍA 34

«Les digo que, aunque no se levante a darle pan por ser amigo suyo, sí se levantará por su impertinencia y le dará cuanto necesite.» Lucas 11:8

Lectura bíblica: Lucas 11:1-10

La parábola del amigo insistente es uno de los paralelos más extraordinarios que Jesús trazó. Por favor, no te pierdas el contexto de la lección de Cristo sobre el atrevimiento. Los discípulos le rogaron: «Señor, enséñanos a orar» (Lucas 11:1). Los creyentes están muy familiarizados con la oración que sigue, pero de inmediato, Cristo les enseñó la parábola del amigo insistente. En otras palabras: «Y cuando oren, ¡sean atrevidos! ¡Oren con persistencia!».

En algún momento, esta clase de osadía en la oración me hacía sentir incómoda, y tal vez te suceda lo mismo. Este hombre me parecía un fastidio. Pensaba: *No quiero que a Dios le parezca que me tiene que arrojar algo por la puerta porque, de lo contrario, no dejaré de molestarlo.* No pases por alto la relación entre el que buscaba y el que daba en esta parábola. Eran amigos, no solo vecinos. La relación es vital para la historia. La parábola nunca sugiere que alguien completamente extraño recibiera una respuesta similar.

En griego, los *amigos* «comparten intereses comunes». Por lo tanto, el que buscaba no pedía algo contrario a los intereses del dador. Es probable que el dador haya preferido darle los panes a su amigo a la mañana siguiente, pero sin duda, no se oponía a concedérselos. La parábola no nos enseña que Dios nos dará cualquier cosa que le pidamos si somos lo suficientemente insistentes. Los «amigos» no les piden a los otros lo que no estarían dispuestos a dar. Se conocen lo suficientemente bien como para discernir si los pedidos son adecuados. En esta maravillosa parábola, Cristo nos invita a orar con arrojo y persistencia como «amigos» de Dios, como quienes comparten Sus intereses comunes.

Cuando pienso en esta parábola, me viene a la memoria una amiga. Joy y su esposo tienen un hijo que pasó por un tiempo de mucha rebeldía durante la secundaria. Una noche, le prohibieron salir con sus amigos rebeldes; él giró sobre sus talones y salió de todos modos. Sus padres estaban destrozados. Al día siguiente, el hijo le preguntó enojado a la madre: «¿Otra vez has estado orando por mí en mi habitación?».

Finalmente, ella contestó: «Hijo, siempre oro por ti. ¿Por qué lo preguntas?».

Su respuesta se me grabó en la mente: «¡Porque había marcas de codos en mi cubrecama!».

Las marcas de codos delataban las oraciones de la madre mientras estaba arrodillada junto a su cama rogando por la liberación de su hijo. Pronto, el muchacho no pudo soportar la tensión. Regresó a sus amorosos padres y creció para convertirse en un esposo y padre temeroso de Dios. Sus hijos todavía son pequeños, pero si alguno se rebela, sus acciones no competirán con las oraciones del padre junto a sus camas.

¿Tienes una preocupación que también preocupe a Dios? ¿Eres Su «amiga» en esta cuestión, que no pide por motivos egoístas? Entonces, sigue pidiendo. Acércate osadamente ante el trono.

Deja algunas marcas de codos sobre el acolchado. Él te oye.

Alabanza:

....

....

....

....

Arrepentimiento:

....

....

....

....

Reconocimiento:

....

....

....

....

Intercesión:

....

....

....

Súplica por mí misma:

....

....

....

Capacitación:

....

....

....

....

DÍA 35

«En realidad, sin fe es imposible agradar a Dios...» Hebreos 11:6

Lectura bíblica: Hebreos 11:1-6

¿Te has preguntado alguna vez por qué parece que dejas atrás un camino de fe (tiempos en los que debes caminar por fe y no por vista) justo a tiempo para comenzar otro? Porque «en realidad, sin fe es imposible agradar a Dios».

Apocalipsis 4:11 proclama el propósito de nuestro Creador: «... tú creaste todas las cosas, y por tu voluntad existen y fueron creadas» (RVR1960). Fuimos creadas para placer de nuestro Creador, y la edificación de nuestra fe le da placer.

Si eres verdaderamente cándida, puedes pensar: *¿Por qué el objetivo de la vida tiene que ser el placer de Dios? ¿Qué clase de deidad egoísta es Él?* La motivación de Dios no es egoísta. Dale otra mirada a Hebreos 11:6. Él quiere recompensar a los que ejercen fe, a aquellos que «lo buscan» aun cuando no pueden «verlo». Dios se complace en bendecir y recompensar a Sus hijos y en levantarlos a alturas espirituales que jamás han imaginado. Quiere prepararnos para el lugar en el cual acumula tesoros para nuestro bien mientras caminamos victoriosamente en fe.

Hebreos 11:1 nos dice: «Ahora bien, la fe es la garantía de lo que se espera, la certeza de lo que no se ve». Nuestra mayor realidad —en otras palabras, lo que es más «real»— es lo que no puede verse con ojos humanos. Piénsalo. ¿Cómo se «ven» tus circunstancias o tus desafíos actuales en este momento? Basándote solo en las evidencias que rodean tu profunda preocupación, ¿cómo supones que se desarrollarán las cosas?

Hebreos 11 nos recuerda que los factores más influyentes que determinan los desenlaces en la vida de los creyentes son aquellos que no podemos ver. Tu realidad mayor en tu dificultad más grande es un Dios invisible y todopoderoso. Aprende a mirar tus caminatas de fe desde Su punto de vista. Él dirige o permite las circunstancias con el único propósito de recompensarte. La prueba es si buscarás Su rostro invisible o no; y la recompensa sobrepasa tu comprensión. ¿Por qué tantas caminatas de fe? ¡Porque Él tiene mucho para dar! Y, francamente, muy poco tiempo. Tu caminar en el fugaz «aquí y ahora» tiene una influencia colosal en Su recompensa en el «allí y para siempre».

El mayor placer de Dios es darte, pero Él no nos da como el mundo (Juan 14:27). Todas las recompensas que el mundo puede ofrecer están aquí en la Tierra, donde la polilla y el óxido carcomen y los ladrones entran y roban (Mat. 6:20). En cambio, Dios está interesado en la calidad. Cada recompensa que tiene para ti conlleva una garantía de vida eterna. Un día, lo visible será invisible y lo oculto se podrá ver, de inmediato.

Mira a tu alrededor un momento. Todo lo que ves se desintegrará. «¡Miren que vengo pronto! Traigo conmigo mi recompensa, y le pagaré a cada uno según lo que haya hecho» (Apoc. 22:12). Esto es realidad. Esta vida es solo vapor.

Alabanza:

....

....

....

....

Arrepentimiento:

....

....

....

....

Reconocimiento:

....

....

....

....

Intercesión:

....

....

....

....

Súplica por mí misma:

....

....

....

....

Capacitación:

....

....

....

....

DÍA 36

«Por la fe salió de Egipto sin tenerle miedo a la ira del rey, pues se mantuvo firme como si estuviera viendo al Invisible.» Hebreos 11:27

Lectura bíblica: Hebreos 11:24-27

Hoy continuaremos con el tema de ayer sobre la fe. La manera en que definimos y ejercemos la fe es vital en nuestra vida. Los creyentes en Cristo deben poner su fe en uno de dos factores: en lo que Dios hace o en quién es Dios.

Si ponemos nuestra fe en lo que Dios hace, debemos prepararnos mentalmente para una vida sobre una montaña rusa. Un día, nuestra fe estará en las alturas y será poderosa, y al día siguiente, estará en caída libre, porque se basa en la aparente actividad de Dios en nuestras circunstancias. Recuerda, Dios nos advierte en Isaías 55:9: «Mis caminos y mis pensamientos son más altos que los de ustedes». Si definimos nuestra fe basándonos en nuestra habilidad para discernir lo que Dios hace, nos dirigimos a un paseo que sube y baja por las alturas.

En muchas circunstancias de la vida, ni siquiera podemos comenzar a comprender lo que Dios está haciendo. Cuando decide llevarse a un amado siervo a su hogar en el cielo, en lugar de sanarlo en la Tierra, nuestra fe se desintegra, porque está basada en lo que aparentemente Dios hace.

Recuerda que la mayoría de las cosas que Dios hace son invisibles y están completamente fuera de nuestro campo de observación o comprensión. No podemos basar la fe en lo que el Señor parece hacer o en la manera dramática en que responde a nuestras oraciones, porque la fe fundada en las aparentes acciones de Dios no es fe en absoluto. El intento de ejercer nuestra fe según lo que vemos cancela la fe misma.

Recuerda Hebreos 11:1: «Ahora bien, la fe es [...] la certeza de lo que no se ve». Nuestra fe debe descansar en la identidad de Dios, no en Su actividad.

Hebreos 11:6 resalta un elemento vital de la fe genuina: creer que Dios existe y buscarlo a ÉL con seriedad. En nuestras pérdidas más difíciles, la victoria no viene como resultado de buscar las respuestas de Dios o Su actividad. Muchas respuestas no llegarán jamás; la mayor parte del obrar divino nunca se verá. La fe victoriosa se desarrolla cuando buscamos a Dios.

En Hebreos 11:27, leemos que Moisés «se mantuvo firme como si estuviera viendo al Invisible», no porque vio la zarza ardiente. Miró directamente el rostro del Dios invisible. Construyó su fe sobre quién es Dios, no sobre lo que había hecho.

Dios realizó milagros inigualables en la vida de Moisés; sin embargo, a Su siervo le preocupaba más conocer a Dios que ver Su actividad. Buscar a un Dios al que no podemos «ver» es fe viva y real. Además, es el boleto para bajarnos de la montaña rusa.

Te puede parecer que la actividad de Dios cambia, pero Él nunca cambiará. «Jesucristo es el mismo ayer y hoy y por los siglos» (Heb. 13:8). Cuando no sabes qué está haciendo el Señor, puedes encontrar estabilidad en quién es Él. Cuanto más conozcas sobre Él, más podrás resistir cuando la vida parezca entrar en un descarrilamiento.

Bájate de la montaña rusa. La vida ofrece muchas oportunidades para disfrutar lo que Dios hace, pero debemos confiar en quién es Él.

Alabanza:

....

....

....

....

Arrepentimiento:

....

....

....

....

Reconocimiento:

....

....

....

....

....

Intercesión:

....

....

....

....

Súplica por mí misma:

....

....

....

....

Capacitación:

....

....

....

....

DÍA 37

«Cuando uno afirma: "Yo sigo a Pablo", y otro: "Yo sigo a Apolos", ¿no es porque están actuando con criterios humanos?» 1 Corintios 3:4

Lectura bíblica: 1 Corintios 1:10-17; 3:1-9

En cuanto a Su iglesia, lo más importante para Cristo es la unidad; y por supuesto, la prioridad de Satanás es la división. El enemigo ya sabe que las puertas del infierno no pueden prevalecer contra la iglesia (ver Mat. 16:18), entonces, ataca desde adentro.

El diablo sabe que Jesús dijo: «...toda ciudad o familia dividida contra sí misma no se mantendrá en pie» (Mat. 12:25). Aunque Satanás no puede vencer a la iglesia en conjunto, causa estragos y excluye a muchos cultivando división desde adentro.

En Josué 3, Dios le dijo a Josué y a los hijos de Israel cómo entrar a la tierra prometida. Los israelitas estaban cada vez más cómodos en sus «campamentos», pero cuando las aguas se separaron, tuvieron que cruzar como un solo pueblo. Como Dios había prometido, las aguas se separaron y «el pueblo de Israel [terminó] de cruzar el río por el cauce totalmente seco» (Jos. 3:17).

Así como Dios anhelaba llevar a los israelitas al lugar prometido, Cristo desea llevar a la Iglesia a su destino. Un día, «ella» reinará con Él sobre la Tierra y tendrá su posición de privilegio como esposa de Cristo. Hasta entonces, Él quiere madurar a Su iglesia y trabajar poderosamente a través de ella en esta era.

Trataré de decirlo con delicadeza: es tiempo de que la iglesia madure. Necesitamos urgentemente deshacer algunos campamentos en la iglesia de Cristo y permitirle que nos lleve a la madurez. Tenemos campamentos denominacionales, campamentos fundamentalistas, conservadores, moderados, y liberales. Tenemos campamentos dentro de los campamentos. Los equipos de conducción de nuestras iglesias, que deberían ser ejemplos de unidad, suelen estar repletos de campamentos. Los miembros de las iglesias se ponen de parte de este ministro que está en contra de aquel otro, y la división sigue y sigue.

La iglesia en Corinto actuaba como la niña escolar que no puede decidir cuál «muchachito» le gusta más. Los creyentes corintios trataban de decidir si seguían a Pablo, a Apolos o a Pedro. Pablo, que no tenía pelos en la lengua, declaró: «¡El asunto es si siguen a Cristo o no! ¡Los demás no importan!». En otras palabras, ¡desarmen el campamento y avancen hacia la madurez!

Pablo no abogó de ninguna manera por una iglesia sin liderazgo humano. Propuso una iglesia sin señorío humano. Permitamos que Dios examine nuestros corazones. ¿Tenemos líderes humanos a los que respetamos o «señores» humanos a quienes adoramos? ¿Estamos en el campamento de Cristo y solo en ese? ¿Acaso nos hemos enrolado para jurar por un líder de carne y hueso? Ay, creyente, ten mucho cuidado a quién le juras tu lealtad. Pedro, Pablo y Apolos eran líderes confiables; sin embargo, la Palabra de Dios siguió advirtiendo a la iglesia primitiva que no se dividiera en campamentos detrás de ellos.

Cristo es la cabeza de la iglesia, y nos unimos solo cuando todos inclinamos nuestras rodillas ante Él. Que podamos alcanzar «la perfección en la unidad» (Juan 17:23).

Alabanza:

....

....

....

....

Arrepentimiento:

....

....

....

....

Reconocimiento:

....

....

....

....

Intercesión:

....

....

....

Súplica por mí misma:

....

....

....

Capacitación:

....

....

....

DÍA 38

«Por eso también puede salvar por completo a los que por medio de él se acercan a Dios, ya que vive siempre para interceder por ellos.» Hebreos 7:25

Lectura bíblica: Hebreos 7:23-28

¿Te has preguntado qué hace Cristo mientras aguarda la señal del Padre para regresar a buscar a Su esposa? No juguetea con sus dedos santos ni se queda helado por la indignación ante las locuras de los hombres. Cristo está en acción aquí y ahora.

Hebreos 7:25 menciona una de las tareas prioritarias de Cristo a nuestro favor: «vive siempre para interceder» por nosotras. La palabra traducida *salvar* se refiere a «toda clase de liberación». Teniendo en cuenta el contexto y el paralelo con el sumo sacerdote sobre la nación de Israel, este versículo puede referirse más fácilmente a los creyentes en Cristo. El Hijo de Dios ocupa el asiento a la derecha del Padre, donde es el Sumo Sacerdote designado, el intercesor divino de Su pueblo. Cristo «vive» para orar por nosotras.

El significado original de la palabra *intercede* es sumamente significativo. El verbo *eutugchano* «significa ponerse en el medio con familiaridad y libertad de acceso, interrumpir a otro mientras habla, venir a Dios con arrojo».[10] Considera brevemente los maravillosos elementos de la intercesión de Cristo. Primero, ora por nosotras con familiaridad. Está completamente familiarizado con el Padre y con nosotras. Ora con absoluto conocimiento y absoluta comprensión de la perfecta voluntad de Dios, Su plan supremo, nuestros deseos más profundos y nuestras mayores necesidades. Por lo tanto, es el candidato perfecto para «intermediario».

Segundo, Cristo tiene absoluta libertad de acceso. Nosotras también, porque Él nos abrió el camino, pero Su posición física a la diestra del Padre y Su condición familiar como el amado Hijo de Dios le otorgan una libertad de acceso como a ningún otro. Amadas, deleitémonos al saber que Cristo usa Su «libertad de acceso» a nuestro favor.

El tercer elemento en la definición es el más intrigante. ¿Cómo integra la intercesión lo de «interrumpir a otro cuando habla»? Creo que uno de los grandes actos de intercesión de Cristo implica interrumpir las débiles oraciones de Su pueblo con familiaridad, libertad y confianza. Creo que busca a hijos suyos de rodillas, en oración para poder interrumpir peticiones sinceras pero impotentes con el poder celestial.

Nuestro gran Sumo Sacerdote vive para darle poder a nuestra vida de oración. No obstante, si queremos liberar a Cristo para que haga Su obra completa como Sumo Sacerdote, primero debemos ofrecer oraciones sinceras que pueda interrumpir. ¿Cómo puede interrumpir a alguien que no está orando?

Por último, el versículo explica que Cristo «viene a Dios con arrojo». Aunque nos invita a acercarnos al trono confiadamente, solemos tener dificultad para discernir dónde termina el arrojo y cuándo comenzamos a ser mandonas. Por otra parte, Cristo siempre sabe cómo orar y qué decir.

Dale gracias por ser tu gran Sumo Sacerdote. Él vive para interrumpir tu vida con poder.

Alabanza:

....

....

....

....

Arrepentimiento:

....

....

....

....

Reconocimiento:

....

....

....

....

Intercesión:

....

....

....

....

Súplica por mí misma:

....

....

....

....

Capacitación:

....

....

....

....

DÍA 39

«¡Ya estoy harto de esta vida!
Por eso doy rienda suelta a mi queja;
desahogo la amargura de mi alma.» Job 10:1

Lectura bíblica: Job 10:1-2; Proverbios 14:10; 18:7

La gente que está harta de su vida puede ser difícil de soportar. Las palabras de Job arrojan algo de luz sobre lo que motiva este hartazgo. Los que detestan sus propias vidas suelen exhibir las siguientes conductas:

Dan rienda suelta a su queja. La gente que está harta de su vida suele quejarse constantemente. Nadie hace nada bien. Nada es adecuado ni satisface. Si eres objeto de las constantes quejas de alguien, sin importar cuánto hayas hecho para evitarlo, la Palabra de Dios enseña algo importante: el problema no es que no puedas hacer nada bien. El problema es la trágica conclusión del que se queja de que todo está mal en su vida.

Desahogan la amargura de sus almas. Esta señal específica excede la queja y pasa a lastimar. Muchas hemos sido profundamente heridas por palabras que fluyen de la amargura del alma de otra persona. Hemos repetido destructivamente las palabras cortantes en nuestra mente y les hemos permitido dañarnos de manera casi irreparable.

¿Qué puedes haces? Tal vez la sanidad maravillosa puede comenzar si reconoces la causa de la constante queja y de las palabras cortantes. Si eres el objeto de la maldad continua de alguien, tú no eres el problema. Job 10:1 ilustra cómo la gente que exhibe estas dos conductas sufre de un profundo hartazgo de sí misma.

Comienza a orar diligentemente por la liberación de la persona, porque se encuentra en horrible cautiverio. Pídele a Dios que te inunde de misericordia. Cuando debes estar en presencia de ella, pídele al Señor que te llene con Su Espíritu. A través del poder sobrenatural que solo Dios puede dar, usa respuestas suaves que aplaquen la ira (ver Prov. 15:1). Si estás en compañía de esta persona de manera frecuente o constante, busca consejo sabio. Es probable que necesites trabajar con un consejero cristiano o un grupo de apoyo para aprender a tratar con la situación.

Al orar por aquellos que nos han hecho mal con quejas que dañan la autoestima y con palabras amargas, no nos olvidemos de orar por nosotras, ya que podemos desarrollar algunas conductas negativas como resultado de esta situación.

El hartazgo de uno mismo puede ser contagioso. Permitamos que Dios arroje algo de luz sobre nuestra vida. ¿Le damos «rienda suelta» a nuestras quejas? ¿Otros nos caracterizarían como quejosas? ¿Nos sentimos justificadas al ventilar constantemente nuestras opiniones negativas? ¿Es casi imposible agradarnos? ¿Hablamos con amargura del alma? Tarde o temprano, si albergamos la amargura, saldrá burbujeante a la superficie. Permitamos que Dios nos traiga sanidad, incluso si la otra persona nunca cambia.

Solo tenemos una vida sobre esta Tierra. No la vivamos hastiadas. Una relación creciente con Cristo es la cura. Podemos amar la clase de vida que Él nos ofrece.

Alabanza:

....

....

....

....

Arrepentimiento:

....

....

....

....

Reconocimiento:

....

....

....

....

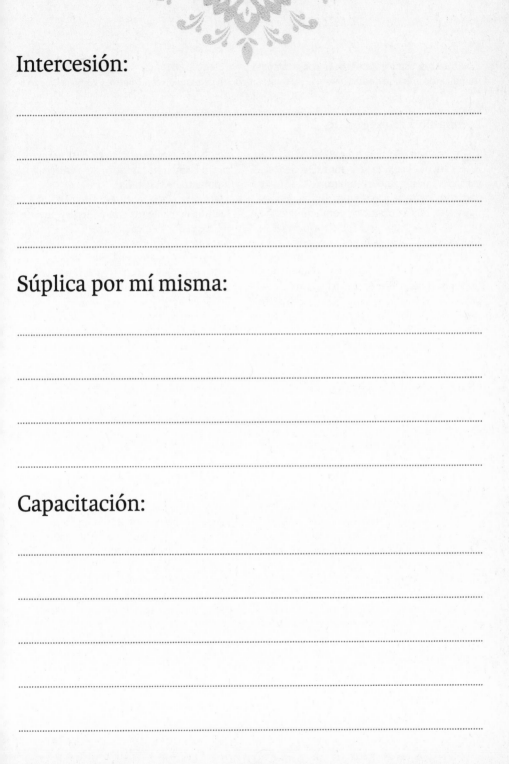

Intercesión:

....

....

....

Súplica por mí misma:

....

....

....

Capacitación:

....

....

....

....

DÍA 40

«Entonces los sacerdotes tocaron las trompetas, y la gente gritó a voz en cuello, ante lo cual las murallas de Jericó se derrumbaron. El pueblo avanzó, sin ceder ni un centímetro, y tomó la ciudad.»
Josué 6:20

Lectura bíblica: Josué 6:1-20

Hace algunos años, un periódico sacó un artículo titulado «Las murallas de Jericó verdaderamente se derrumbaron». Qué novedad. Dios siempre hace lo que dice, pero algunas veces, nos da promesas condicionales: «Si tú... entonces yo...». Este fue el caso de Jericó. Dios dijo: «¡He entregado en tus manos a Jericó, y a su rey con sus guerreros!». Seguramente, Josué miró aquella imponente ciudad con su muralla impenetrable y pensó: *¡A mí no me parece mía!* El mensaje de Dios era: «La victoria ya es de ustedes, pero quiero que hagan algunas cosas para tomarla».

Dios suele dirigirnos en maneras similares. En las batallas que enfrentamos, la victoria ya es nuestra por posición, pero no podemos alcanzarla si no cooperamos con el Señor. Dios ha vencido a todos nuestros enemigos mediante la sangre del Cordero, Jesucristo, pero algunas victorias nos corresponden a nosotras; no solo podemos tenerlas, sino que debemos tomarlas. Aquí tenemos algunas sugerencias bíblicas para poseer las victorias que son nuestras gracias a Cristo:

1. *Toma las armas para la batalla* (ver vv. 3, 9). Estos hombres estaban armados con espadas, no con pistolas. La Palabra es nuestra espada (ver Ef. 6:17). Jamás poseeremos nuestras victorias sin ella.

2. *No te apartes del camino* (ver vv. 3, 14). Continúa «marchando» en el centro de la voluntad de Dios. No te rindas ni pierdas la esperanza. La batalla es del Señor y Él será

fiel. No solo te dará la victoria si permaneces fiel, sino que tampoco desperdiciará un momento de la batalla.

3. *Mantente cerca de tu batallón* (ver v. 13). Marcha cerca de tus compañeros vencedores, aquellos dedicados a vivir en victoria. Ganamos muy pocas batallas desconectadas de otros vencedores en Cristo. Recuerda, no todos los que están en Cristo van detrás de la victoria. Ten cuidado de no rodearte solo de víctimas.

4. *Mantente alerta (ver v. 18)*. Evita contundentemente aquellas cosas que sabes que serán tu destrucción. Casi siempre, somos muy conscientes de los posibles obstáculos. El enemigo suele envolver las tentaciones en paquetes apetecibles, coloridos o sensuales, ¡pero aléjate (ver v. 18) por tu propio bien!

Estos pasos no son fáciles, pero la vida victoriosa vale el esfuerzo. ¿Te parece que Josué y los israelitas preferían quedarse en casa y leer en *Crónicas de Canaán* sobre el derrumbe de la pared, o piensas que se quedaron atónitos y se sintieron privilegiados de participar y observar a Dios en acción de primera mano? Queremos estar en el centro de las victorias de Dios. No hay manera de que esto sea posible si no estamos en medio del campo de batalla.

¿Quieres un poquito de motivación extra? Estos pasos no solo nos llevan a la victoria. ¡Cada uno representa una victoria en sí mismo! Hasta que llegue el gran momento, resiste. ¡La victoria está en camino!

Alabanza:

....

....

....

....

Arrepentimiento:

....

....

....

....

Reconocimiento:

....

....

....

....

Intercesión:

....

....

....

....

Súplica por mí misma:

....

....

....

....

Capacitación:

....

....

....

....

DÍA 41

«Sin embargo, Jehú no cumplió con todo el corazón la ley del Señor, Dios de Israel, pues no se apartó de los pecados con que Jeroboán hizo pecar a los israelitas.» 2 Reyes 10:31.

Lectura bíblica: 2 Reyes 10:12-31

Estos pocos versículos revelan a algunos de los personajes más interesantes de la Escritura. Permíteme presentarte a Jehú, uno de los reyes más sangrientos que jamás reinó sobre Isarel (y uno de los más efectivos). Vuelve a mirar los versículos 28 y 29. Jehú destruyó el culto a Baal en Israel por su propia cuenta, pero a nadie le gustaría tener las palabras siguientes al final de nuestro registro de servicio espiritual: SIN EMBARGO. Jehú tuvo un «sin embargo» bastante serio. Léelo otra vez: «Sin embargo, no se apartó del pecado [de] Jeroboán [...] el de rendir culto a los becerros de oro en Betel y en Dan» (v. 29).

¿Cuál fue el problema? ¡Jehú era un rey exitoso! ¡Era un auténtico súper héroe del Antiguo Testamento! ¡El enemigo del mal! ¡El rival de lo incorrecto! No obstante, se estrelló espiritualmente.

Podemos aprender una lección crucial del ejemplo de Jehú. Estos versículos revelan exactamente lo que anduvo mal en su vida, y todas corremos ese riesgo. Vuelve a mirar su paseo en carro con Jonadab en los versículos 15-16. Lo más probable es que Jonadab fuera un pasajero reacio. Nadie quería dar un paseo con Jehú. En 2 Reyes 9:20, dice que conducía «como un loco». Jehú era la versión antigua de Meteoro. ¡A este hombre sí que se le volaban los pelos! Pobre Jonadab. No volvemos a tener noticias de él después de 2 Reyes 19. Seguramente, terminó confinado en un hogar para gente con los pelos de punta, un lugar donde los peines no servían de nada.

Jehú tenía una grave falla de carácter: era un adicto a la adrenalina. Estaba feliz y era efectivo mientras la vida estuviera llena de agitación. Pero la tarea de ser fiel día a día... La Biblia cierra la historia de su servicio espiritual con un trágico desenlace: «Sin embargo, Jehú no cumplió con todo el corazón la ley del Señor, Dios de Israel».

Ya ves, Jehú podía correr, pero no podía caminar. Ninguna de nosotras está exenta de caer en esta trampa. Nos encanta la agitación: la mejor reunión de adoración, los oradores más carismáticos. Tendemos a ser más apasionadas respecto a Dios cuando Él obra milagros. Pedimos un avivamiento (no siempre por las razones más puras), a veces, solo por la mera sensación de entusiasmo. Algunas veces, queremos al Dios de lo altísimo, no al Dios Altísimo.

Miqueas 6:8 declara: «¡Ya se te ha declarado lo que es bueno! Ya se te ha dicho lo que de ti espera el Señor: Practicar la justicia, amar la misericordia, y humillarte ante tu Dios». Dios busca personas que simplemente quieran caminar con Él, tanto en la calma como en la crisis. Porque, como ves, allí es donde se encuentra el entusiasmo: en tener una relación diaria e íntima con el Creador del universo.

Aquellos que caminan con Dios en la cotidianeidad de la vida no tendrán que preocuparse por un «sin embargo» de mal gusto colgado del registro de su servicio espiritual, ni de quedar con todos los cabellos revueltos.

Alabanza:

....

....

....

Arrepentimiento:

....

....

....

Reconocimiento:

....

....

....

....

Intercesión:

....

....

....

Súplica por mí misma:

....

....

....

Capacitación:

....

....

....

DÍA 42

Lectura bíblica: Mateo 20:20-28

Al procurar convertirnos en guerreras eficaces de oración, necesitamos conocer el corazón de Dios. A medida que tomamos más conciencia de Sus prioridades y objetivos, comenzamos a comprender un poquito más cómo piensa; por lo tanto, estamos mejor equipadas para orar según Su voluntad.

A primera vista, el pedido de la madre de Santiago y Juan parece absolutamente desfachatado. En realidad, vino a Cristo con humildad (ver v. 20). Se arrodilló delante de Él y le hizo un pedido. No era una mujer irrespetuosa; era una madre dedicada que quería solo lo mejor para sus hijos. En su fe, creía que el reino de Cristo era inminente y quería que sus hijos estuvieran uno a cada lado de Su trono.

Cristo respondió: «No saben lo que están pidiendo». (Si le concedía su pedido, uno de sus hijos se sentaría en la falda de Dios, ya que Cristo se sienta a la derecha del Padre). Una de las acciones más compasivas de Jesús es denegar un pedido de oración cuando no sabemos lo que pedimos. Él sabía que la garantía de grandeza no tendría ningún resultado positivo en Santiago o en Juan, pero una vida de servicio desinteresado les garantizaría la grandeza en el reino.

Deseamos grandes cosas para los que amamos. Solo queremos lo mejor para ellos, pero algunas veces, no nos damos cuenta de que tal vez no pedimos lo mejor. Queremos que «se establezcan» en la vida. Cristo los quiere andando.

Dios muchas veces me muestra lo malo de las cosas que pido para mis seres queridos. A lo largo de mi diario, me ha señalado los muchos pedidos que he hecho para que mis hijas no pasen por pruebas. Invariablemente, la oración siguiente era: «Hazlas poderosas mujeres de Dios». Casi puedo oírlo decir: «Beth, decídete ya». Sus palabras en 1 Pedro 1:7 me traspasan el corazón: «El oro, aunque perecedero, se acrisola al fuego. Así también la fe de ustedes, que vale mucho más que el oro, al ser acrisolada por las pruebas demostrará que es digna de aprobación, gloria y honor cuando Jesucristo se revele». Por sobre todas las cosas, quiero que las vidas de mis hijas sean dignas de aprobación y que honren a Dios». Ahora estoy aprendiendo a orar para que sencillamente Él sea lo más suave posible al continuar obrando para Su gloria en ellas.

Le pedí a Dios que le evitara todo sufrimiento a mi madre en su lucha contra el cáncer. Entonces, Sus palabras me atravesaron hasta la médula: «Vengo pronto. Aférrate a lo que tienes, para que nadie te quite la corona» (Apoc. 3:11). Me di cuenta de que, sin querer, podía haber estado interfiriendo con las coronas de mi madre. Tal vez, Dios le estaba preparando la «corona de la vida», entregada a aquellos que permanecen fieles a través del sufrimiento (Sant. 1:12).

Oré a Dios pidiéndole un esposo para una amiga. Luego, vi que desarrollaba una relación con Dios y un ministerio personal que requería una devoción exclusiva.

No siempre sabemos lo que pedimos. Debemos seguir aprendiendo lo que Él valora. Luego, mientras oramos, permitamos que el Sumo Sacerdote anule nuestros pedidos por aquellos que amamos, si les impedirán disfrutar del bien supremo de Dios.

Alabanza:

....

....

....

....

Arrepentimiento:

....

....

....

....

Reconocimiento:

....

....

....

....

Intercesión:

....

....

....

....

Súplica por mí misma:

....

....

....

....

Capacitación:

....

....

....

....

DÍA 43

«¡Escucha, Dios nuestro, cómo se burlan de nosotros! Haz que sus ofensas recaigan sobre ellos mismos: entrégalos a sus enemigos; ¡que los lleven en cautiverio!» Nehemías 4:4

Lectura bíblica: Nehemías 4:1-6

El enemigo hará todo lo posible para desviar nuestro centro de atención mientras servimos a Cristo. Al intentarlo, suele enviar algo más poderoso que un brote de forúnculos. Envía la crítica, y nunca le falta un mensajero dispuesto. El mundo está lleno de críticos aficionados. Satanás simplemente les indica que hagan lo que les sale con naturalidad.

Dios señaló a Nehemías para que guiara a los judíos en la reconstrucción de las murallas de Jerusalén. Ante la primera señal de éxito, los críticos levantaron sus horrendas cabezas. La crítica adquirió la forma de la ridiculización. No hay nada que te dé más deseos de abandonar que sentirte tonto. Para paralizarlos, el enemigo aprovechó sus miedos escondidos de que la tarea sería demasiado para ellos.

¿Alguna vez te ha sucedido? ¡A mí sí! En el momento en que alguien expresó mis temores, mi corazón casi se derritió. Pronto pensé que, para empezar, la tarea nunca había sido idea de Dios. Muchas veces, desesperada, me hubiera dado por vencida, pero Dios siguió confirmándome Su voluntad.

Si alcanzamos con éxito las tareas que Dios nos da, debemos aprender a recibir la crítica. Nehemías era un hombre sabio y sabía exactamente cómo manejar la crítica. Le contó a Dios lo que los demás decían. Mira sus palabras. Hasta te doy permiso para que sonrías un poquito.

Nehemías fue directamente a Dios y le dijo: «Haz que sus ofensas recaigan sobre ellos mismos». Cuando éramos niños, decíamos cosas parecidas, aunque con una terminología un poquito diferente: «¡Espejito me rebota y a ti te explota!».

Sin embargo, Nehemías no dirigió sus palabras a los críticos. Le contó sus sentimientos a Dios. Derramó su corazón hasta que se sintió mejor. ¿El resultado? «Continuamos con la reconstrucción y levantamos la muralla hasta media altura, pues el pueblo trabajó con entusiasmo».

El intento del enemigo de robarnos el foco de atención es, en realidad, el intento de sacar nuestro corazón de las tareas que Dios nos ha dado. El centro de nuestra atención llena nuestro corazón. Si estamos concentradas en la crítica y en los sentimientos resultantes de amargura e inferioridad, nuestros corazones renunciarán a la tarea. Nuestra efectividad sufrirá terriblemente. El ejemplo bíblico de hoy ofrece una nueva defensa contra la estrategia de Satanás de usar críticos. La llamo la defensa «operación soplón».

Cuando te esfuerzas con todo el corazón para alcanzar la voluntad de Dios y el enemigo te arroja la crítica en la cara, llévasela a Dios de inmediato. Él levantará tu causa y hará volver tu corazón y tu concentración a la tarea.

Un último pensamiento. ¿Toda crítica proviene de Satanás? Lamentablemente no. ¿Cómo podemos saber si una crítica proviene del enemigo o no? Satanás es el padre de mentiras. Su crítica no será cierta. Si la crítica corresponde, ¡NO ABANDONES! Simplemente, adáptate. (A mí también me ha pasado.) Si sabes que Dios te ha llamado a la tarea, es probable que estés colocando los ladrillos correctos, pero en el ángulo equivocado. Dios no nos dejará varadas con los brazos llenos de ladrillos. Sigue adelante y descárgalos; luego, vuelve a poner el corazón en la tarea.

Alabanza:

....

....

....

Arrepentimiento:

....

....

....

Reconocimiento:

....

....

....

....

Intercesión:

....

....

....

....

Súplica por mí misma:

....

....

....

....

Capacitación:

....

....

....

....

DÍA 44

«Lo secreto le pertenece al Señor nuestro Dios, pero lo revelado nos pertenece a nosotros y a nuestros hijos para siempre, para que obedezcamos todas las palabras de esta ley.»Deuteronomio 29:29

Lectura bíblica: Deuteronomio 29:29–30:4

A mada, mientras sostienes la Biblia en las manos, sostienes «lo revelado». Posees toda la información que puedes manejar justo frente a ti, proveniente de la omnisciencia de Dios. Pero Él tiene mucho más, tanto que no sabemos, cosas secretas que solo el Creador del universo conoce.

Los secretos nos ponen incómodas, ¿no es cierto? En especial, si no participamos de ellos. Podría volvernos locas, a menos que aquel que guarda el secreto sea alguien en quien confiamos. Dios guarda secretos, pero podemos encontrar gran consuelo en al menos tres cosas seguras.

Las cosas secretas de Dios no pueden ser contrarias a Su carácter. Sus secretos son iguales a Él: misericordiosos, amorosos, justos, rectos, maravillosos y buenos. Como Dios es ecuánime, ha dado a conocer Sus requerimientos y juicios; por lo tanto, las cosas secretas son gloriosas. No tenemos razón para temer lo que no nos da a conocer. Dios no tiene un lado oscuro, porque «Dios es luz y en él no hay ninguna oscuridad» (1 Juan 1:5).

¿Recuerdas algún momento en el que pensaste que Dios era injusto? ¿Ahora ves las cosas de manera diferente? ¿Cómo ha cambiado tu perspectiva con el paso del tiempo?

Las cosas secretas son demasiado para nosotras. Si Él nos oculta información es porque no podemos comprenderla en nuestro estado presente. Cristo sabía todo lo que le sobrevendría; conocía las cosas secretas. Podía ver el sufrimiento por adelantado, pero también podía ver la gloria final. Entonces, «por el gozo que le esperaba», resistió (Heb. 12:2). Conocer de antemano nuestros planes podría ser demasiado para nosotras. Nuestra visión humana es tan terriblemente corta, que jamás podríamos ver la gloria resultante del dolor.

¿Has pasado por una experiencia que pensaste que no podrías resistir? ¿Caminar por el valle aumentó o disminuyó tu fe? ¿Puedes pensar en algunas razones por las que Dios decidió no mostrarte de antemano lo que ibas a experimentar?

Las cosas secretas son una sorpresa. Un día, «conoceré tal y como soy [conocida]» (1 Cor. 13:12). La fiesta sorpresa final no ha llegado y Dios no tiene intenciones de revelarla. Hasta entonces, nos da vislumbres ocasionales, como la visión de una montaña majestuosa que sugiere: «Si esta es la Tierra, ¿qué será el cielo?».

No tenemos por qué sentirnos espiritualmente inmaduras por lo poco que entendemos. Nos puede alentar la idea de que todo lo que está por encima de nosotras cae en la categoría de glorioso y maravilloso. Hasta que Dios comparta Sus secretos, tenemos lo suficiente en nuestras manos como para sentirnos desafiadas: tenemos la Palabra de Dios.

Nuestro Salvador es el Guardián de todo conocimiento: el Dios Omnisciente. Todo lo que esté más allá de las páginas de la Escritura, amada, es sencillamente demasiado maravilloso para que lo conozcamos.

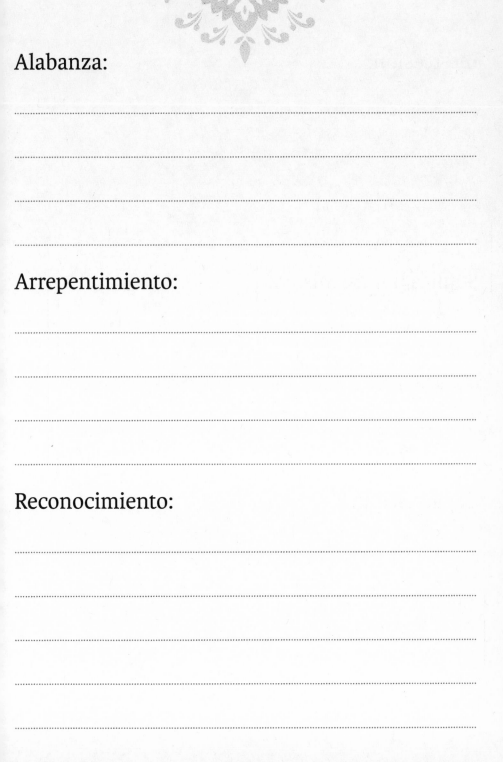

Alabanza:

....

....

....

....

Arrepentimiento:

....

....

....

....

Reconocimiento:

....

....

....

....

Intercesión:

_____

_____

_____

Súplica por mí misma:

_____

_____

_____

Capacitación:

_____

_____

_____

_____

DÍA 45

«Pero Jesús respondió: "Mi Padre siempre trabaja, y yo también"». Juan 5:17, NTV

Lectura bíblica: Juan 5:16-19 NTV

He aprendido algunas lecciones difíciles respecto a usar palabras como *siempre* y *nunca* al ejercer la audacia de hablar en lugar de Dios. De tanto en tanto, alguien me pregunta: «¿Te parece que Dios puede...?». No me gustaría en absoluto que supieras cómo he contestado algunas de esas preguntas en el pasado. Mi propia cabeza dura me ha hecho mentir más de una vez.

He llegado a la siguiente conclusión: Dios puede hacer lo que quiera si no es algo contrario a Su voluntad o a Su Palabra. Él puede. Si decide hacer algo en particular o no es cosa suya, pero no cabe duda sobre Su capacidad.

Absolutista de corazón, me siento aliviada al saber que todavía puedo usar algunos «siempre» y «nunca»; aquellos que Dios mismo ha establecido. Hoy nos apropiaremos de un «siempre». Jesús nos asegura: «Mi Padre siempre trabaja, y yo también». Pase lo que pase en tu vida o en la mía, o en el mundo caótico que nos rodea, podemos descansar al menos en un «siempre». DIOS TRABAJA.

Aunque no puedas ver un indicio de Él, «siempre» puedes contar con Él. No ha renunciado ni se ha dado por vencido. Dios es gloriosamente testarudo.

Los cristianos reciben un extra. Filipenses 1:6 dice: «Estoy convencido de esto: el que comenzó tan buena obra en ustedes la irá perfeccionando hasta el día de Cristo Jesús». No solo puedes estar seguro de que Dios está trabajando, sino que también puedes tener la seguridad de que en lo que se refiere a ti, el trabajo es bueno y Él se ha comprometido a completarlo.

La palabra *bueno* es importante. Algunos sinónimos para la palabra original *agathos* son «beneficioso, excelente, distinguido».[11]

Amada, el único momento en que Dios trabaja en tu contra es cuando tú haces algo en tu contra. Desea trabajar para tu provecho, para tu excelencia, para tu santificación como persona de fe apartada y distinguida.

Si tus obras son finalmente autodestructivas, Él obrará en contra de ellas. Una vez que le pertenecemos, asume la responsabilidad de obrar en nosotras el bien. Él trabaja a favor de nosotras, incluso cuando votemos en Su contra... y esto desata la guerra de las obras. Dios es demasiado celoso de tu bien como para dejarte ganar; entonces ¿por qué no ceder? Él siempre trabaja; completa lo que comenzó.

Dios no apunta solo a algo bueno. Apunta a algo excelente.

Alabanza:

....

....

....

....

Arrepentimiento:

....

....

....

....

Reconocimiento:

....

....

....

....

Intercesión:

....

....

....

....

Súplica por mí misma:

....

....

....

....

Capacitación:

....

....

....

....

DÍA 46

«No pongas a prueba al Señor tu Dios.» Deuteronomio 6:16

Lectura bíblica: Deuteronomio 6:10-19; Lucas 4:9-12

T anto en el Antiguo como en el Nuevo Testamento, la Escritura nos advierte firmemente que no pongamos a prueba a Dios. Tal vez sin saberlo, ofendemos el corazón del Señor porque no comprendemos el significado del mandamiento. La palabra prueba, respecto a nuestras acciones hacia Dios, denota algo similar en ambos Testamentos.

El término griego usado en el Nuevo Testamento es *ekpeirazo*. Significa «negarse a creerle a Él o a Su Palabra hasta que haya manifestado Su poder».[12] La fe es lo opuesto a poner a prueba a Dios. La esencia de la fe es creerle al Señor antes de la «prueba». Poner a prueba es exigir la manifestación del Espíritu antes de creer.

No es coincidencia que, cada vez que la Escritura prohíbe poner a prueba a Dios, el mandamiento está dirigido a Su propio pueblo. ¿Te das cuenta por qué Dios se ofende tanto al ser puesto a prueba? Él ha demostrado ser fiel. Si hace mucho que lo conocemos, ¿quién podría afirmar que Dios no se ha revelado fielmente en muchas maneras? Entonces, cuando le pedimos que siga demostrando lo que ya ha revelado, lo ponemos a prueba y lo ofendemos.

Dios nuestro Padre es dador por naturaleza. Nos concede permiso absoluto para darle a conocer nuestras peticiones, pero también nos pide que revisemos nuestras motivaciones (Sant. 4:3). Si la motivación es ver una prueba, de acuerdo a la Escritura, estamos poniendo a prueba a Dios.

Nuestros intentos por poner a prueba a Dios adquieren muchas formas, pero permíteme citarte un ejemplo muy común de personas que nunca ofenderán a Dios conscientemente. Una preciosa creyente me dijo hace poco: «Beth, de verdad quiero recibir el don de lenguas y me pregunto qué te parece».

Le respondí que, en lo que respecta a Dios y a Su Palabra, las opiniones no significan absolutamente nada, pero sí le hice una pregunta. «¿Por qué deseas este don en particular?».

Pude ver que estaba pensando concienzudamente en la pregunta. Sentí el liderazgo directo del Espíritu Santo para continuar. «¿Lo deseas porque sientes que este don te ayudará a edificar de manera más efectiva el cuerpo de Cristo o existe alguna posibilidad de que quieras una manifestación física del Espíritu para tener otra prueba de que Dios existe y que te ha escogido?».

La pregunta se aplica a muchas otras situaciones. ¿Alguna vez le has pedido a Dios que actúe no para Su gloria, sino para calmar tus dudas? Piensa en algunos ejemplos posibles.

A medida que crecemos en Cristo, no seamos solo más cuidadosas respecto a lo que pedimos, sino también a nuestras motivaciones. ¿Pedimos un milagro para aumentar nuestra capacidad de traer gloria a Dios o queremos una prueba de que existe y que nos ama? Pensémoslo bien.

Hoy, démosle gracias por las muchas maneras en que se ha manifestado en nuestras vidas sin que se lo pidiéramos. Pidámosle no ser personas que lo pongan a prueba.

¡Grande es Su fidelidad!

Alabanza:

....

....

....

....

Arrepentimiento:

....

....

....

....

Reconocimiento:

....

....

....

....

....

Intercesión:

....

....

....

....

Súplica por mí misma:

....

....

....

....

Capacitación:

....

....

....

....

DÍA 47

«En cambio, nosotros somos ciudadanos del cielo, de donde anhelamos recibir al Salvador, el Señor Jesucristo.» Filipenses 3:20

Lectura bíblica: Filipenses 3:18-21; Juan 14:1-4

Casi siempre, la vida en la Tierra tiene que tornarse muy miserable como para que anhelemos nuestro hogar celestial. ¿Estás de acuerdo? La mayor parte del tiempo no extrañamos nuestro hogar. En muchos sentidos, no nos entusiasma lo que nos espera.

Mi anhelo del cielo es, en realidad, mi anhelo de Cristo. Quiero pasar la eternidad en el cielo porque Él está allí y lo he amado desde niña. Anhelo ver Su rostro. No veo la hora de adorarlo en persona, de conversar con Él y dar un paseo a Su lado.

En el pasado, me entusiasmaba mucho pasar la eternidad con Cristo, pero no tanto el entorno. Sencillamente, no podía imaginar un lugar perfecto. El cielo me parecía un mundo de ensueño. Hay aspectos de esta Tierra que me atraen mucho. Las montañas escabrosas y los ríos caudalosos. El sonido distante del tren. Los puentes viejos de madera. Las iglesitas rurales con la pintura resquebrajada y los pianos desafinados. Los niños de primer grado sin dientes.

Deseo a Cristo con tanta intensidad que casi no puedo soportarlo, pero me doy cuenta de que, a veces, lo quiero aquí, cerca de las cosas que amo. Entonces, me choco con la realidad mayor: Él nos quiere a ti y a mí allí, cerca de las cosas que Él ama.

El problema que tenemos con el cielo es que tememos cambiar lo conocido por lo etéreo. Imaginamos nuestro futuro hogar como una nebulosa ciudad fantasma donde tendremos cuerpos transparentes y cantaremos durante siglos. Permitamos que Dios modifique nuestro pensamiento. El cielo es un lugar auténtico. Sentiremos la tierra debajo de nuestros pies. Tendremos cuerpos que se puedan tocar. A diferencia de la creencia popular, no seremos ángeles. Seremos seres humanos completos, perfectos, repentinamente inmortales. Los objetos que nos rodeen serán tangibles. El cielo es un lugar de claridad y completa realidad. Nos reconoceremos unos a otros y tendremos comunión juntos. Viviremos en una comunidad activa. Experimentaremos el indescriptible gozo de la verdadera adoración y lo más profundo en intimidad emocional y espiritual.

En el cielo, todo lo que aquí disfrutamos será aún mayor. Lo mejor de la Tierra es solo una sombra de lo que vendrá. No renunciaremos a nada bueno; lo bueno simplemente será perfeccionado. Cristo anunció: «Voy a prepararles un lugar» (Juan 14:2). Él nos está preparando un «hogar» en todo el sentido de la palabra; no un lugar donde nos sentiremos extrañas. En el cielo, cambiaremos el anhelo por la pertenencia. Nos sentaremos, nos pararemos, caminaremos, comeremos, tocaremos y expresaremos emociones. Nuestros sentidos se agudizarán de un modo que no podríamos soportar en nuestra forma presente. El velo de lo comprensible será quitado de nuestros ojos. Contemplaremos la realidad.

La mejor parte del cielo es que Cristo estará allí. Él espera mostrarnos nuestros nuevos hogares, nuevos vecinos, y lo mejor de todo lo que hemos amado, solo que mucho mejor. «Nosotros somos ciudadanos del cielo». Camina en fe hacia una realidad mejor.

Alabanza:

....

....

....

....

Arrepentimiento:

....

....

....

....

Reconocimiento:

....

....

....

....

Intercesión:

....

....

....

....

Súplica por mí misma:

....

....

....

....

Capacitación:

....

....

....

....

DÍA 48

«Después de haberle dicho todo esto a Job, el Señor se dirigió a Elifaz de Temán y le dijo: "Estoy muy irritado contigo y con tus dos amigos porque, a diferencia de mi siervo Job, lo que ustedes han dicho de mí no es verdad."» Job 42:7

Lectura bíblica: Job 42:1-9

Al mirar esta porción de la Escritura, dos verdades salen a flote. Primero, Dios honra la sinceridad. Aunque el Señor sentía la necesidad de darle a Job una disertación más larga sobre Su soberanía (caps. 38–41), veneró la sinceridad de Su siervo. Job respondió adecuadamente frente a su pérdida y sufrimiento. Derramó su corazón sin deshonrar a Dios y, abiertamente, expuso su confusión y desesperación.

Los amigos de Job se pararon frente a Dios en marcado contraste. Presumieron responder en Su lugar. Tuvieron la audacia de señalarle a Job por qué le había sobrevenido semejante sufrimiento. En realidad, no sabían la respuesta, pero se sintieron obligados a ofrecer explicaciones. Como sabían muy poco, dijeron demasiado. Hablaron como si fueran autoridades respecto a Dios, y se equivocaron. Muchas veces, luchamos contra esta misma naturaleza humana cuando alguien atraviesa el sufrimiento. Tratamos de descubrir por qué. Secretamente, nos preguntamos si habrá algo que no sabemos. Ofrecemos nuestras teorías, algunas veces como si fueran pretenciosos hechos.

Responder en lugar del Gobernante del universo es algo aterrador. ¡Cuánto más seguro sería decir: «No sé por qué te sucede esto, pero sí sé que Dios te ama»! Dios honra la sinceridad y no los sermones santurrones. El hombre sabio admite su ignorancia; el ignorante pretende ser sabio.

Del texto de hoy surge una segunda verdad: El enojo de Dios no significa el fin. Aun en Su enojo contra los consejeros de Job, fue misericordioso. Aunque fueron descarados y hablaron en lugar de Dios, Él no los hizo a un lado. Me encanta la franqueza del Señor con Elifaz en el versículo 7: «Estoy muy irritado contigo y con tus dos amigos». Muchas hemos llegado a la conclusión equivocada de que, si alguien está enojado con nosotras, no puede amarnos. Así, no tratamos con nuestro enojo de manera que honre a Dios y edifique a la gente. Necesitamos aprender el significado de «si se enojan, no pequen» (Ef. 4:26).

¿Recuerdas alguna vez en que te hayas enojado con alguien a quien amas? ¿Expresaste tu enojo de manera sincera? ¿Lo articulaste sin amor? ¿Suprimiste la ira? Me resulta sumamente reconfortante saber que Dios está dispuesto a decirnos cuándo está enojado, ¡Y POR QUÉ!

Dios le explicó Su enojo a Elifaz: «...porque, a diferencia de mi siervo Job, lo que ustedes han dicho de mí no es verdad». Tal vez hoy en día, Dios no habla de manera audible desde el cielo, pero es perfectamente capaz de hablarnos a través de la convicción de Su Espíritu Santo para decirnos que está enojado o triste.

Incitamos la ira de Dios cuando respondemos en Su lugar inadecuadamente; sin embargo, aun al cometer tal infracción insolente, Dios extiende misericordia. «El gran amor del Señor nunca se acaba, y su compasión jamás se agota» (Lam. 3:22).

Alabanza:

....

....

....

....

Arrepentimiento:

....

....

....

....

Reconocimiento:

....

....

....

....

Intercesión:

....

....

....

....

Súplica por mí misma:

....

....

....

....

Capacitación:

....

....

....

....

DÍA 49

«Después de haber orado Job por sus amigos, el Señor lo hizo prosperar de nuevo y le dio dos veces más de lo que antes tenía.» Job 42:10

Lectura bíblica: Job 42:10-17

El nuestro es un Dios de restauración. No confundas restauración con reemplazo. El Señor no suele solo reemplazar lo que hemos perdido, sino que nos restaura.

Cuando hemos experimentado una pérdida devastadora, Su objetivo no es simplemente colocar algo en su lugar; Su deseo es ministrar al alma herida. Si pierdo un hijo, puede servirme de ayuda recibir otro hijo, pero no me sana. Nuestro Dios infinitamente sabio hace mucho más que reemplazar; va directamente al corazón para sanar.

El pasaje de la Escritura demuestra que Dios perseguía la sanidad y la restauración más profunda de Job, porque lo hizo participar en el proceso de perdonar a sus consejeros equivocados. Varios de sus mejores amigos le habían infligido serias heridas. Sin la intervención de Dios, Job hubiera recordado durante mucho tiempo sus palabras hirientes y la culpa equivocada que habían recargado sobre él. Tal vez habría tenido la dignidad de continuar con las expresiones externas de amistad, pero hubiera luchado contra el resentimiento por el resto de su vida.

Es cierto que Dios hubiera podido reemplazar a los amigos de Job, pero un mero reemplazo jamás habría logrado la restauración. Su amargura hubiera persistido. En cambio, Dios comenzó a sanar el corazón de Job a través de la oración.

La Escritura no registra el diálogo exacto entre Dios y Su siervo Job, pero en algún momento, el Señor le dio la orden de orar por sus amigos que lo habían herido.

Teniendo presente la capacidad de Job para ser sincero, ¿puedes imaginar cuál fue la primera respuesta que seguramente dio? Si era como nosotras, probablemente, lo primero que hizo fue orar para que Dios les hiciera cosas *a* sus amigos en lugar de hacer algo *por* ellos. Pero la oración es sumamente sanadora. A menudo, he dicho que Dios tiene que ser Dios, porque solo Él podría cambiar por completo un corazón terco como el mío en unos pocos minutos de oración sincera.

En Mateo 5:44-45, Cristo dijo: «Pero yo les digo: Amen a sus enemigos y oren por quienes los persiguen, para que sean hijos de su Padre que está en el cielo...». ¿Lo ves? La oración por aquellos que nos han herido no es solo por su bien, ¡sino por el NUESTRO! Es probable que en nosotras se produzca una obra mucho mayor.

Recuerda, amada mía, Dios no trata solo de reemplazar algo que has perdido. Trata de alcanzar tu corazón y de sanarte, pero requiere tu cooperación. Si estás dispuesta a arrodillarte y a dejar que Dios comience Su gloriosa obra de restauración a través de la oración, Él bendecirá fielmente la última parte de tu vida más que la primera. ¿Te imaginas?

¡Menos mal que Dios no está limitado por nuestra imaginación!

Alabanza:

....

....

....

....

Arrepentimiento:

....

....

....

....

Reconocimiento:

....

....

....

....

Intercesión:

....

....

....

....

Súplica por mí misma:

....

....

....

....

Capacitación:

....

....

....

....

DÍA 50

Lectura bíblica: Salmo 31:1-8

La vida es difícil. Siempre lo ha sido; pero en las generaciones pasadas, la gente únicamente solía ser consciente del sufrimiento en su esfera inmediata. Nuestra sociedad actual tiene el honor de contar con satélites que, a diario, nos arrojan los desastres de todo el mundo en la sala de nuestra casa. El bien sigue existiendo en alguna parte por allí, pero, seamos realistas, no es noticia. Las dosis diarias de maldad, violencia y depravación del mundo tienen consecuencias.

Uno de los resultados naturales del constante contacto con la influencia negativa es un corazón duro. En realidad, esta dureza no es más que una fortaleza que hemos construido alrededor de un corazón asustado. Construimos capa tras capa de protección para impedir que nos lastimen. Lo trágico es que la misma fortaleza que no permite que entren las heridas tampoco permite que salga el amor. Nuestra fortaleza de autoprotección se convierte en nuestra cárcel.

Aunque no nos demos cuenta, dedicamos un esfuerzo indecible a los intentos de evadir el dolor. Sí, incluso los cristianos. ¿Escribes tus oraciones en un diario? Si lo haces, revísalas. Fíjate cuántas veces le has pedido a Dios que te libre del dolor a ti o que libre a alguien que conoces o amas.

No estoy sugiriendo que no podamos o no debamos pedirle a Dios que nos libre del dolor. Tenemos permiso bíblico en el ejemplo de Cristo en Mateo 26:36-44 y en el de Pablo, en 2 Corintios 12:8, de pedirle que quite cualquier espina (o copa).

Sin embargo, sugiero que adoptemos una perspectiva nueva que nos abra los ojos: el objetivo de la vida no es la ausencia de dolor. Es la presencia de Dios y Su gloria. Cuando Él puede obrar gloria sin dolor, lo hace. Cuando no puede, dolerá. Pero a la vez, algún día valdrá la pena (ver Rom. 8:18).

La vida abundante es imposible detrás de las paredes de la fortaleza que hemos construido. Todo lo que hayamos hecho para protegernos nos dejará prisioneras. Si no arriesgamos el corazón, nos negamos algunas de las experiencias más ricas de la vida.

De ningún modo propongo una vida sin protección, pero existe solo una manera de encontrar PROTECCIÓN sin ENCARCELAMIENTO. Nuestra Fortaleza debe ser Dios. Solo Él puede cercarte por todos lados y a la vez ponerte «en lugar espacioso». Solo en Su protección permanecemos libres.

Luego del ataque terrorista explosivo en la ciudad de Oklahoma, en Estados Unidos, Garth Brooks, oriundo de esa ciudad, escribió una canción con este mensaje: «No es que piense que puedo cambiar este mundo; pero no permitiré que el mundo me cambie a mí». Cantó un mensaje muy bíblico (ver Rom. 12:2).

No nos volvamos cada vez más frías con este mundo. Arriesguémonos. Si duele, no nos romperemos. Si estamos en Cristo, no somos ni remotamente tan frágiles como podemos creer. Es hora de permitir que Dios remueva todas las capas que hemos construido alrededor de nuestro corazón (ver Deut. 30:6).

Cristo es tu Fortaleza y tu protección. Adelante... ¡vive un poquito!

Alabanza:

....

....

....

....

Arrepentimiento:

....

....

....

....

Reconocimiento:

....

....

....

....

Intercesión:

....

....

....

....

Súplica por mí misma:

....

....

....

....

Capacitación:

....

....

....

....

DÍA 51

«En seguida Jesús hizo que los discípulos subieran a la barca y se le adelantaran al otro lado mientras él despedía a la multitud.» Mateo 14:22

Lectura bíblica: Mateo 14:22-33

Podemos estar justo en el centro de la voluntad de Dios y aun así atravesar terribles tormentas. Cristo amaba a los discípulos con todo el corazón, y sin embargo, los «hizo» entrar a la barca sabiendo que venía una tormenta. Se encontraban exactamente donde debían estar y aun así experimentaron una aterradora turbulencia.

¿Puedes identificarte con los discípulos? ¿Has experimentado un tiempo en el que sabías que estabas donde Dios quería y, sin embargo, las tormentas eran abrumadoras?

No todas las tormentas de la vida son consecuencia del pecado o de un ataque. Algunas están preparadas para sacudir a propósito nuestras barcas. Sin embargo, si Cristo ha designado nuestro lugar en la tormenta, puedes estar segura de que tiene preparado un espectáculo. Pero debemos mirar más allá de nuestra barca para verlo a Él.

Una de las peores tormentas que se abatió sobre mi familia sucedió cuando Michael, el niño que criamos durante siete años, se fue de casa para volver con su madre biológica. Recibimos incontables tarjetas y cartas que nos trajeron gran consuelo. Muchas de ellas atribuían nuestra pérdida a Satanás y nuestra tormenta a una guerra espiritual. Comprendimos esta suposición, porque a las claras, era la explicación más fácil, aunque no necesariamente precisa.

Doy muchas gracias a Dios por Su claro mensaje para nosotros durante aquellos días. Sabíamos sin una sombra de duda que el regreso de Michael a su madre biológica era la expresa voluntad de Dios. No teníamos idea de por qué, ni tampoco tenemos muchas respuestas ahora, pero estábamos seguros de que Dios dirigía los sucesos.

Cristo nos llama a caminar por fe a través de nuestras tormentas. Parece un gran requerimiento hasta que nos damos cuenta de que Él hace mucho más que eso: camina sobre las aguas durante nuestras tormentas. Dios ha colocado todas las cosas bajo los pies de Cristo, incluyendo las olas que rompen incansablemente contra nosotras. Él tiene el control. Está precisamente allí.

Por favor, no pierdas de vista un elemento importante en esta historia: Cristo caminó sobre las aguas antes de calmar la tormenta. Si simplemente hubiera calmado la tormenta, los discípulos se habrían perdido Su majestad. Y qué lástima hubiera sido, porque Su majestad era lo único que importaba.

Queremos que Cristo se apresure y calme la tormenta. Él quiere que, primero, lo encontremos en el medio.

Alabanza:

....

....

....

....

Arrepentimiento:

....

....

....

Reconocimiento:

....

....

....

....

Intercesión:

....

....

....

....

Súplica por mí misma:

....

....

....

....

Capacitación:

....

....

....

....

DÍA 52

«En cambio, el alimento sólido es para los adultos, para los que tienen la capacidad de distinguir entre lo bueno y lo malo, pues han ejercitado su facultad de percepción espiritual.» Hebreos 5:14

Lectura bíblica: Hebreos 5:11-14

Para un bebé, no hay nada más adecuado que la leche. Muchas veces, atragantamos a los bebés en Cristo, al empujarlos a probar todo lo que hay en la cafetería, cuando todavía tratan de digerir la leche. El versículo de hoy no apresura para nada al bebé en Cristo. El escritor se refiere al problema opuesto. Muchos creyentes que hace años recibieron al Señor siguen comiendo alimento de bebé y prefieren quedarse en la guardería.

No es tan difícil imaginar por qué los cristianos siguen siendo bebés. Cuando era pequeña, detestaba la promoción en la escuela dominical. Me encontraba cómoda en mi clase. Comprendía el programa. Estaba acostumbrada a mi maestra. Me gustaban las galletas y los otros niños de mi clase. Nunca me gustó pasar a la clase siguiente, pero nadie me daba a elegir.

Una vez, una amada maestra le explicó la promoción a un grupo de niños temblorosos de jardín de infantes. Les dijo: «Solía sentirme como ustedes. No quería abandonar a mi maestra ni mi salón de clases. Entonces, un día, pensé en lo tonta que me vería de grande, sentada en una de esas sillitas bajitas». Era una hermosa damita regordeta que, para hacer reír a los niños, se agachó sobre una de las sillitas. Las piernas se desparramaron sobre el piso. Dio resultado. Todos rieron y el miedo se disipó.

El escritor de Hebreos describe una escena similar. Los creyentes que tendrían que haber estado listos para guiar, para entrenar a otros y para asumir las responsabilidades de los cristianos maduros, seguían tratando de encajar su considerable tamaño dentro de las sillas de la guardería.

Nuestras iglesias experimentan una crisis de liderazgo aunque todos los papeles que desempeña la membresía están cubiertos. Muchos hemos llegado a nuestro nivel cómodo hace mucho tiempo y nos negamos a salir de allí. «Suficiente», nos decimos, «no tiene sentido que esto nos consuma». Nadie nos obliga a pasar al siguiente nivel de cristianismo. Podemos quedarnos en las mismas sillas y quejarnos por la falta de liderazgo calificado o podemos confesar nuestra renuencia a avanzar hacia la madurez y aceptar el desafío de las promociones para el resto de nuestra vida.

Cuando recuerdo los días de la infancia en la escuela dominical, me siento bastante vieja. Sin embargo, jamás regresaría, aunque pudiera. En aquel entonces, la vida era más fácil, pero por cierto no era mejor. Menos responsabilidad, pero ni la menor idea respecto a la realización personal. Me gusta mucho más mi vida adulta.

Algunas veces, debemos dejar que un poquito de cooperación desplace a algo de comodidad. ¿Cómo podemos prepararnos para las promociones? Al entrenarnos a través del uso constante de la Palabra de Dios. Es un libro asombroso, ¿no es cierto? Un manual básico para el bebé en Cristo. Un diccionario para el adolescente. Una enciclopedia para el erudito. Leche para algunos; carne para otros. Ese es tu libro de texto y tu boleto para el siguiente nivel.

¿Es hora de seguir adelante? ¿Cuánto hace que te sentiste desafiada y obligada a salir de la rutina? Tal vez sea tiempo de pasar de grado.

Alabanza:

Arrepentimiento:

Reconocimiento:

Intercesión:

....
....
....
....

Súplica por mí misma:

....
....
....
....

Capacitación:

....
....
....
....

DÍA 53

«Todas las promesas que ha hecho Dios son "sí" en Cristo. Así que por medio de Cristo respondemos "amén" para la gloria de Dios.» 2 Corintios 1:20

Lectura bíblica: 2 Corintios 1:12-22

Como creyentes en Cristo, hagámonos una pregunta difícil: ¿Los que nos conocen nos caracterizan más por las cosas que no hacemos debido a nuestra creencia... o por las que hacemos?

Por supuesto, lo que no hacemos es importante. Los Diez Mandamientos indican casi por completo lo que no debemos hacer. Sin duda alguna, hay ciertos «no» que deben caracterizarnos si procuramos agradar a Dios. Pero ¿solo los «no» nos distinguen como seguidoras de Cristo? ¿Nuestra marca personal como cristianas posee connotaciones negativas?

Creo que los cristianos que son conocidos solo por lo que no hacen ayudan al mal nombre del cristianismo. Considera el ambiente de la oficina. ¿Estamos obrando bien como cristianas en nuestro lugar de trabajo secular si nadie soporta estar cerca de nosotras? Si repelemos a la gente, tal vez hemos permitido que nos caractericen todas las cosas que no hacemos y, sin saberlo, nos hemos catalogado y hemos encasillado al cristianismo dentro de una mentalidad negativa.

¡La Palabra de Dios afirma que Cristo es el «sí» de Dios! Luego de todos los «no» de la ley del Antiguo Testamento, luego de ríos de sacrificios que nunca podrían expiar el pecado, y de que todas las buenas intenciones de ser perfectos sean miserablemente insuficientes frente a la gloria de Dios, el Padre envió a Su único Hijo. A través de la cruz, dijo «¡Sí!».

Entonces, si todavía caracterizamos a Dios principalmente por Sus «no» más que por Sus «sí», ¡nuestra «religión» necesita una actualización! ¿Sugiero acaso que Dios ya no dice «no»? De ninguna manera. Pero estoy convencida de que incluso Sus «no» son puertas que cierra a lo largo de nuestros corredores para guiarnos al «sí».

Por ejemplo, Dios dice «no» las relaciones sexuales prematrimoniales para poder decir «sí» a una bendecida unión física reservada para los esposos. También dice «no» a un trabajo o un puesto, porque ha escogido decir «sí» a otro más adelante en el camino, que se adapta mejor a Su plan. En Cristo, Dios quiere quedar caracterizado como un Dios de «sí». Dice «sí» al gozo incluso en las circunstancias difíciles, a la riqueza aun en la pobreza, a la fuerza aun en la debilidad. Verás, cuando decimos «no» a los deseos de la carne, Dios dice «sí» a la llenura abundante de Su Espíritu.

Del mismo modo, Dios quiere que nos caractericemos más por las cosas que hacemos y no tanto por las que no hacemos. Quiere que otros vean el «sí» de Cristo en nosotras, que somos personas de acción positiva, que realizamos nuestros trabajos con excelencia, que promovemos un ambiente amigable, que amamos al difícil de amar, que perdonamos al transgresor, que ayudamos al oprimido, que ofrecemos un oído para escuchar, que amamos a un Dios invisible y que hacemos que otros quieran amarlo también.

Esa es la clase de cristianos que hacen que otros quieran decir «sí» a Cristo. Eso es positivo. Eso es acción.

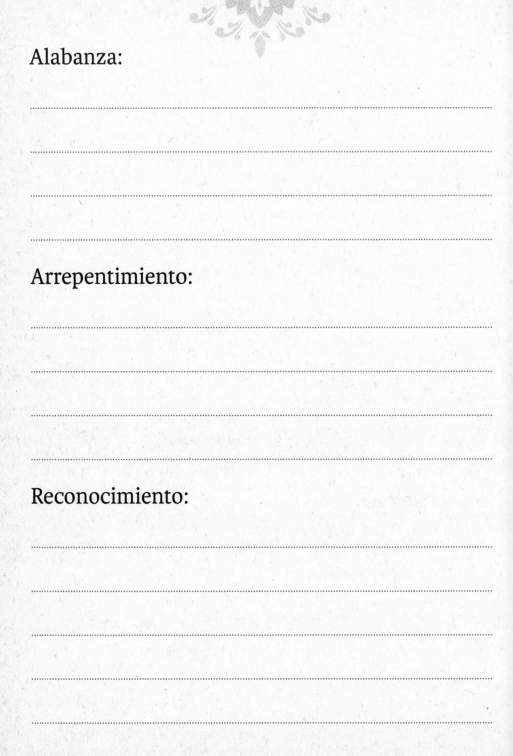

Alabanza:

....

....

....

....

Arrepentimiento:

....

....

....

....

Reconocimiento:

....

....

....

....

Intercesión:

....

....

....

....

Súplica por mí misma:

....

....

....

....

Capacitación:

....

....

....

....

DÍA 54

«No te jactes de ti mismo;
que sean otros los que te alaben.» Proverbios 27:2

Lectura bíblica: Proverbios 27:2; Lucas 5:27-32; Mateo 9:9-13

Cuando era niña, me encantaba *Highlights* [Puntos destacados], una famosa revista para niños. En particular, disfrutaba de una característica. En cada ejemplar, aparecían dos figuras similares del estilo de los dibujos animados. El objeto de la actividad era descubrir todos los detalles que faltaban en el segundo cuadro. Sentía gran satisfacción si podía señalar todos los detalles sin espiar la solución. Veamos dos relatos de los Evangelios sobre el llamado de Mateo a ser un discípulo, como si estuviéramos mirando una de esas actividades. Primero, veamos la versión de Lucas. Luego, comparémosla con la de Mateo. Enumera cada detalle que falte en el segundo «cuadro».

Tal vez tengas más capacidad para este juego que yo, pero encuentro dos detalles en el Evangelio de Lucas que faltan en el relato de Mateo. Primero, Lucas nos dice que Mateo se levantó, dejó todo y siguió a Jesús. Mateo simplemente dice que se levantó y lo siguió. Que haya «dejado todo» es muy significativo. Imagina que Cristo te hace la misma invitación. ¿Qué pasaría si tu sustento y tus relaciones estuvieran en riesgo? ¿Dejarías «todo»? En especial, si tu «todo» fuera sustancial. Pregunta difícil; sin embargo, Lucas quería que supiéramos que eso fue exactamente lo que hizo Mateo.

En la versión de Mateo, falta un segundo detalle. Nos cuenta que Jesús estaba cenando en su casa. Lucas elaboró: «Luego Leví le ofreció a Jesús un gran banquete en su casa». Mateo era un hombre de considerable riqueza. Su primera reacción a favor de su nuevo Maestro fue comenzar a usar sus recursos para la gloria de Dios. Impactante.

Es interesante que hay un tercer detalle que difiere en los relatos de Mateo y Lucas, pero esta vez, aparece en la versión de Mateo y falta en la de Lucas. El detalle es «misericordia». Mateo relata una cita de Cristo que Lucas no registra: «Lo que pido de ustedes es misericordia y no sacrificios» (Mat. 9:13).

Mateo se conocía a sí mismo mejor que Lucas o que ningún otro ser humano que lo hubiera conocido. El recolector de impuestos tenía una dolorosa conciencia de la misericordia que Cristo le había extendido cuando le dijo: «Sígueme». Mateo inmediatamente se convirtió en un embajador de misericordia, que invitaba a los necesitados a conocer personalmente al divino dador de misericordia.

La comparación entre las versiones de Lucas y Mateo de la conversión de este último revela un precioso equilibrio. Lucas tenía motivos para estar impresionado con Mateo y, bajo la inspiración del Espíritu Santo, reveló meticulosamente el carácter del nuevo convertido. Mateo, por otra parte, estaba impresionado con Cristo. Tenía demasiada conciencia de sus propias fragilidades como para jactarse de otra cosa que no fuera la misericordia de Dios. Así es como debería ser. «No te jactes de ti mismo; que sean otros los que te alaben».

Démosle a Dios la libertad de desarrollar en nuestra vida un carácter que impresione a los demás, pero que nunca nos alejemos tanto de la misericordia que quedemos impresionadas con nosotras mismas.

Alabanza:

....

....

....

....

Arrepentimiento:

....

....

....

....

Reconocimiento:

....

....

....

....

Intercesión:

....

....

....

Súplica por mí misma:

....

....

....

Capacitación:

....

....

....

DÍA 55

«No niegues un favor a quien te lo pida,
si en tu mano está el otorgarlo.
Nunca digas a tu prójimo:
"Vuelve más tarde; te ayudaré mañana",
si hoy tienes con qué ayudarlo.» Proverbios 3:27-28

Lectura bíblica: Proverbios 3:27-35

Por lo general, cuando alguien que conocemos está en necesidad, nuestros sentimientos de incompetencia nos paralizan. Sabemos que no podemos arreglar el problema, así que permanecemos distantes. Nuestra falta de poder puede impedirnos ejercer las capacidades menores que poseemos. No tenemos el poder para «arreglar» las vidas, pero muchas veces, podemos «ayudar» de maneras pequeñas pero significativas. Proverbios 3:27-28 nos enseña un rasgo invaluable de piedad: la amabilidad oportuna. El versículo 27 nos instruye a hacerles bien a otros cuando podemos «otorgarlo». El versículo 28 nos dice que no pospongamos la buena obra cuando el «prójimo» tiene necesidad hoy.

Una vez oí a alguien en la televisión que alentaba a sus oyentes a realizar actos de amabilidad al azar. La Palabra de Dios nos recuerda que no debemos esperar oportunidades fortuitas para ser amables. A mucha gente que conocemos le vendría bien una demostración de amabilidad en este momento.

Como somos conscientes de que hay tanta gente necesitada, la palabra «mucha» puede abrumarnos e impedirnos ofrecerle bondad oportuna a una o dos personas. Tengo una vecina que es viuda. No es anciana ni está inactiva; trabaja largas horas y parece ser totalmente autosuficiente. La veo cuando ingresa al garaje y entra sola a la casa casi todas las noches. Al observarla, me di cuenta de que su mayor necesidad era alguien que aliviara su soledad, pero si había algo que yo no tenía era

tiempo. Las exigencias de mi propia familia son muchas, así que casi no traté de ayudar porque sabía que no podía ofrecer lo que ella realmente necesitaba.

Entonces, Dios me condujo a que comenzara a preparar un plato para ella cada vez que preparaba más comida para la cena de la que podíamos comer. Cuando veía que entraba el auto en el camino al garaje, cruzaba la calle corriendo con la comida caliente. Hemos creado un lazo especial de amistad a través de un acto muy pequeño.

No puedo llenar el vacío originado por su pérdida, pero de vez en cuando, puedo llenar su estómago con comida casera y con algo que no tiene que preparar luego de un largo día de trabajo. Casi me pierdo la bendición por pensar en lo poquito que podía ayudar. No poder hacer algo grande no significa que no podamos hacer algo bueno.

En el pasado, he perdido muchas oportunidades porque la necesidad era grande. Dios ha prometido satisfacer las necesidades de la gente. Solo se nos ha pedido que hagamos algo bueno.

Deja una nota en la casilla de correo de alguien. Deja un mensaje en el contestador. Llévate al niño de alguien mientras haces mandados. Cocina unas pocas galletas de más y regálalas.

Dios tiene algo más que actos casuales de bondad para nosotras. Tiene citas. No las perdamos solo porque no podemos arreglar los problemas.

Alabanza:

....

....

....

....

Arrepentimiento:

....

....

....

....

Reconocimiento:

....

....

....

....

Intercesión:

....

....

....

....

Súplica por mí misma:

....

....

....

....

Capacitación:

....

....

....

....

DÍA 56

«Cuando Jesús vio a su madre, y a su lado al discípulo a quien él amaba, dijo a su madre: —Mujer, ahí tienes a tu hijo. Luego dijo al discípulo: —Ahí tienes a tu madre...» Juan 19:26-27

Lectura bíblica: Juan 19:17-27

Muchas veces, he meditado en esta tierna escena en que la multitud enardecida y el dolor agudo de la crucifixión dieron lugar por un momento a otra preocupación. En medio de una tortura inimaginable, donde cada respiración era una agonía, la madre acongojada de Jesús y Su amigo horrorizado captaron la atención del Señor. Una compasión inconcebible fluyó de Su corazón al encomendarles que se amaran y se apoyaran mutuamente.

Me parece de suma importancia que Él no minimizara el dolor o la pérdida. No consideró que su dolor era un detalle insignificante en medio de un hecho de gloria mucho mayor. No se preguntó cómo podían pensar a tan corto plazo. Su corazón se deshizo con compasión y se preocupó por la necesidad de ellos.

Un atisbo al corazón de Cristo en este tierno momento puede resultarnos sanador si lo permitimos. Verás, Él nos mira con la misma compasión. Imagina; en el mismo momento en que Cristo moría en la cruz, la salvación quedaba asegurada para todos lo que creyeran. El enemigo era derrotado. El infierno temblaba. Los demonios aullaban. Dios apartaba momentáneamente Su rostro, mientras todo pecado conocido para el hombre se cargaba sobre Su Hijo. Las horas que Cristo pasó en la cruz representaron los momentos más cruciales desde que comenzó el tiempo.

El dolor y la confusión de Juan y María no eran nada comparados con la obra asombrosa que se llevaba a cabo aquella tarde. Sin embargo, el amigo y la madre no miraban a través de ojos eternos, y no podían «ver» la obra del Salvador. Veían la pérdida inmediata de alguien a quien amaban y querían tener cerca. Con todo, Cristo se ocupó de su sufrimiento y dijo: «Mujer, ahí tienes a tu hijo», y al discípulo: «Ahí tienes a tu madre».

Jesús sabía que no podían comprender la gloria mayor que se desarrollaba. Sabía que ellos querían que se bajara de la cruz y viviera. Por el bien de ellos, no podía suspender Su gloriosa obra, pero el corazón de Cristo vertió compasión.

Amiga mía, habrá veces en que Cristo hará cosas gloriosas que implicarán sufrimiento y pérdida. Él persiste en esa gloria mayor aunque pataleemos, gritemos y le roguemos que obre de otro modo. ¿Por qué? Porque no permitirá que nos privemos injustamente de algo más maravilloso de lo que podemos concebir. Sabe que un día comprenderemos.

Algún día, celebraremos que Cristo no haya querido ceder a nuestras demandas, incluso cuando nuestro ruego le partía el corazón. Él está ocupado con la obra mayor. Sin embargo, siente una incontenible compasión por nuestro dolor y nuestra confusión. El Señor no se impacienta ni se pregunta cómo podemos ser tan tontos como para lamentar las pérdidas terrenales. Ni siquiera suspira y susurra: «Si supieras». Su corazón sangra a causa de la misericordia y viene en nuestra ayuda.

Oh, amada, ¿puedes confiar en un corazón como el suyo?

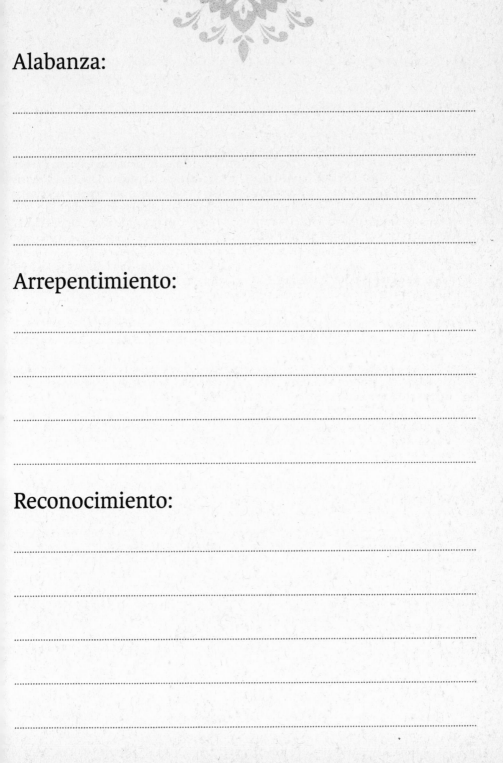

Alabanza:

....

....

....

....

Arrepentimiento:

....

....

....

....

Reconocimiento:

....

....

....

....

Intercesión:

....

....

....

Súplica por mí misma:

....

....

....

Capacitación:

....

....

....

....

DÍA 57

«Prueben y vean que el Señor es bueno; dichosos los que en él se refugian.» Salmo 34:8

Lectura bíblica: Lucas 6:27-36; Salmo 34:1-8

El día 55, resaltamos Proverbios 3:27: «No niegues un favor a quien te lo pida, si en tu mano está el otorgarlo». Intencionalmente, he esperado algunos días para que estas palabras penetren, antes de proponer un paso gigantesco para avanzar en el mandamiento de Dios de no «negar un favor»; es más, es un paso tan gigantesco que algunas tendremos que abrirnos de piernas como una bailarina. ¿Qué me dices de hacerle el bien a quien no lo merece?

En Lucas 6:27-28, Cristo, el glorioso Revolucionario, dejó atónita a Su audiencia cuando la desafió a dar un paso gigantesco: «Amen a sus enemigos, hagan bien a quienes los odian, bendigan a quienes los maldicen, oren por quienes los maltratan». En Lucas 6:33, fue un poco más allá, al decir: «¿Y qué mérito tienen ustedes al hacer bien a quienes les hacen bien? Aun los pecadores actúan así». Seamos sinceras. Este mandamiento tiene a tal punto la esencia de Cristo que para obedecerlo debemos estirarnos mucho más allá de nuestro alcance natural. Seguir a Cristo significa ir más allá de la norma, para ejecutar acciones que solo Jesús llevaría a cabo.

Nadie disfruta de hacerles bien a quienes los tratan mal. Entonces, ¿por qué habríamos de hacerlo? Creo que existen tres razones principales:

La promesa de una gran recompensa. Dios nos asegura que Su recompensa supera ampliamente los incómodos riesgos que nos veremos obligadas a asumir. Tengamos cuidado de no suponer que Sus recompensas siempre son lógicas (al menos, para nosotras). Tal vez esperemos que la recompensa sea mayor que el favor hecho a quien nos detesta. Hasta podemos pensar que podría traernos el privilegio de llevar a la persona a la fe en Cristo. Lo cierto es que, probablemente, te detesten el doble luego de que les extiendas tu amabilidad. Dios promete una «gran» recompensa que supera lo lógico. Puedes estar segura de ello; pero no puedes saber qué será.

La marca de hijos. Una vez más, lee Lucas 6:35. Cuando hacemos el bien a los que nos detestan, demostramos nuestro parentesco con el Padre, el Dios Altísimo, porque Él es «bondadoso con los ingratos y malvados». Nunca nos parecemos más a Cristo que cuando estamos dispuestas a extendernos más allá de nuestros gustos personales para ofrecer el bien, el amor y la misericordia a los que nos desprecian.

Probar a Dios. El Salmo 34:8 enseña: «Prueben y vean que el Señor es bueno». Amada, el Señor nos llama a ser aperitivos para que otros quieran probar a Dios. Mateo 10:22 afirma que, algunas veces, la gente nos detesta porque detesta a Cristo. Cuando le otorgamos bondad al que nos desprecia, le hacemos probar la bondad de uno mucho mayor. Muchos nunca «probarán» a Dios hasta que sus apetitos se abran mediante la bondad de uno de Sus embajadores más agradables.

Tal vez, nunca antes habías pensado en ti misma como un aperitivo. Hoy, miremos la vida de un modo ligeramente distinto. Nuestra tarea es ofrecerle a la gente un bocado, para que quiera el plato principal. Imagínate sobre un canapé, y permite que Él te sirva con una sonrisa.

Alabanza:

....

....

....

....

Arrepentimiento:

....

....

....

....

Reconocimiento:

....

....

....

....

....

Intercesión:

....

....

....

....

Súplica por mí misma:

....

....

....

....

Capacitación:

....

....

....

....

DÍA 58

«Bendito sea el Señor, nuestro Dios y Salvador,
que día tras día sobrelleva nuestras cargas.» Salmo 68:19

Lectura bíblica: Salmo 68:1-20

Ah, si pudiéramos ver el día a día de Dios! Muchas veces, nos imaginamos que el Señor está tan concentrado en Su plan mayor que olvidamos cuánto desea participar de nuestro proceso diario.

¿Verdaderamente crees y comprendes cuánto desea Dios formar parte de tu vida cotidiana? Él busca una relación diaria de ida y vuelta con nosotras, pero en esta relación única, el Señor TOMA y DA.

¿Qué desea «tomar» de nosotras a diario? Según el Salmo 68:19, quiere tomar nuestras cargas diarias. ¿Estás llevando tus cargas? Si lo haces, el peso es totalmente innecesario. Tal vez, tu corazón se encuentra en el lugar adecuado; por cierto, nadie puede preocuparse como tú, porque nadie ama a esa persona como tú. Nadie comprende las circunstancias igual que tú. Es complicado. Personal. Secreto. En realidad, no es «terreno» de Dios. No es un asunto religioso. De todos modos, es probable que el Señor no arregle esta cuestión como quisiéramos. Seguimos y seguimos hasta que nos convencemos de llevar cargas demasiado pesadas como para soportarlas.

Día a día, Dios está dispuesto a tomar esas cargas de nuestros agobiados hombros. En 1 Pedro 5:7, leemos: «Depositen en él toda ansiedad, porque él cuida de ustedes». La invitación se aplica todos los días. Él lleva nuestras cargas diariamente si nosotras las soltamos.

Si Dios toma nuestras cargas cada día, ¿qué nos da? Lamentaciones 3:22-23 contiene una de las promesas más hermosas de la Escritura, que describe la cotidianeidad de Dios: «El gran amor del Señor nunca se acaba, y su compasión jamás se agota. Cada mañana se renuevan sus bondades; ¡muy grande es su fidelidad!». Cada mañana se renuevan; Él ve cada necesidad por adelantado. Está familiarizado con cada carga, incluso antes de la mala noticia. Antes de que salga el sol, distribuye Su misericordia en proporción directa con nuestras necesidades del día.

Dios desea TOMAR nuestras cargas y DARNOS Su misericordia. ¿Cuántas veces hemos llevado una carga que hubiéramos podido cambiar a diario por Sus misericordias? Demasiadas.

Considera el daño que nos hacemos. Cada día, llevamos un bulto de cargas. Añadimos las de hoy a las de ayer, hasta que la carga es más de lo que podemos soportar. Por último, se vuelve tan pesada que casi nos quiebra la espalda y nuestro gozo se evapora. Seguimos añadiendo al bulto hasta que comienza a rasgarse. Tristemente, cuando llega el momento en que se derrama todo el contenido, nosotras también solemos estar destrozadas. Nos sentimos exhaustas, sin esperanza y enojadas con Dios porque no nos ha ayudado. Todo el tiempo, Sus manos estuvieron extendidas mientras nos susurraba a través de Su Palabra: «¡Échalas sobre mí! ¡Yo tengo cuidado de ti!».

Dios nunca tuvo la intención de que siguiéramos amontonando cargas en la bolsa. Quiere que las derramemos a Sus pies cada día y cambiemos nuestras cargas por misericordias frescas.

Tengo mucho que lamentar por cargas pasadas que me negué a soltar; tiempos en que hice que la vida fuera mucho más difícil de lo necesario. No puedo volver atrás para recoger las misericordias del año pasado y tú tampoco puedes, pero sí podemos recibir las de hoy. Nuestro Dios está ansioso por TOMAR Y DAR... si tan solo nosotras estamos dispuestas a DAR Y TOMAR.

Alabanza:

....

....

....

....

Arrepentimiento:

....

....

....

....

Reconocimiento:

....

....

....

....

Intercesión:

....

....

....

Súplica por mí misma:

....

....

....

Capacitación:

....

....

....

....

DÍA 59

«Sólo en Dios halla descanso mi alma;
de él viene mi esperanza.» Salmo 62:5

Lectura bíblica: Salmo 62

David no era solo un hombre profundamente espiritual, sino también uno sumamente emotivo. Sus salmos son la gloriosa conjunción divina de ambas cualidades. David escribió como fruto de grandes sentimientos; ya fuera éxtasis, asombro, temor, amor, dolor o enojo. Cuando escribió el Salmo 62, mojó su pluma en lo profundo del pozo de la desilusión. Este es un salmo de expectativas desvanecidas. Una y otra vez, David confió en personas que lo defraudaron. Sin duda, a ti también te ha sucedido.

Por cierto, nada se compara a las expectativas desvanecidas que tienen que ver con una persona de Dios. Cuando un líder favorito cae, rápidamente descubrimos en qué medida nuestras relaciones con Dios se alimentan de otros. El cimiento debajo de nuestros pies tiembla.

Cuando David era poco más que un adolescente, sus ojos fueron abiertos involuntariamente por el rey Saúl. Jamás imaginó que un hombre de Dios pudiera descender a las profundidades de pecado donde descendió Saúl. Más tarde, David descubrió que él tampoco era inmune al pecado.

Las listas de miembros de nuestras iglesias están llenas de nombres de personas que ya no pisan el lugar porque alguien los desilusionó. Las infracciones varían. No siempre tiene que tratarse de adulterio o engaño por parte de un líder. Lo único que tienen que hacer los líderes es no vivir de acuerdo a las expectativas.

Las expectativas que no se cumplen pueden ser devastadoras, pero algo maravilloso puede salir de ello; algo que no estoy segura de que podamos descubrir de otra manera. La motivación del Salmo 62 fue la desilusión, pero el tema del salmo de David fue SOLO DIOS.

Lee en voz alta los versículos 1-2 y 5-8, y enfatiza toda repetición de las palabras *Dios* o *Él*. ¿Lo oyes? Como derramó su corazón delante del Señor, la experiencia de David con expectativas rotas no produjo amargura, sino toda una vida de bendición: solo Dios. El versículo 5 es culminante. «Sólo en Dios halla descanso mi alma; de él viene mi esperanza». Fíjate en la palabra *esperanza*. El término hebreo significa literalmente «una cuerda, como una conexión». Todas nosotras pendemos de algo o de alguien como seguridad. Nos aferramos a una cuerda y dependemos de cualquier cosa que esté en la otra punta para que nos impida caer. Imagina esa cuerda en tus manos. Luego cierra los ojos e imagina que miras hacia arriba y ves la otra punta de la cuerda. ¿A quién o qué ves?

Por maravillosa que sea esa persona o posesión, si es algo o alguien que no sea solo Dios, estás pendiendo del hilo equivocado. Puedes ser «un muro inclinado» o «una cerca a punto de derrumbarse». Solo Dios puede levantarnos.

SOLO DIOS. La próxima vez que alguien te desilusione, susurra esas dos palabras para tus adentros. Si accedes a soltar a esa persona y permitir que solo Dios sostenga la otra punta de la soga, pueden suceder dos cosas: te aferrarás a alguien con un brazo lo suficientemente fuerte como para sostenerte, o estarás lo suficientemente segura como para soltar un brazo y ayudar a ponerse de pie a quien te desilusionó.

Estos resultados justifican la dolorosa experiencia de aprendizaje. Solo Dios.

Alabanza:

....

....

....

....

Arrepentimiento:

....

....

....

....

Reconocimiento:

....

....

....

....

Intercesión:

....

....

....

....

Súplica por mí misma:

....

....

....

....

Capacitación:

....

....

....

....

DÍA 60

«María, por su parte, guardaba todas estas cosas en su corazón y meditaba acerca de ellas.»
Lucas 2:19

Lectura bíblica: Lucas 2:1-20

«Mientras estaban allí, se le cumplió el tiempo» (Lucas 2:6). El tiempo fue la primera creación de Dios. Génesis 1:1 dice: «En el principio». Podríamos decir: «Cuando Dios le dijo por primera vez al reloj que avanzara». A partir de aquel instante, el reloj comenzó a avanzar hacia un momento: el nacimiento de la esperanza, de Dios, revestido de tres kilos de una rosada piel infantil. La perfección envuelta en la inocencia. Los primeros sonidos audibles del Logos fueron gemidos hambrientos de un par de pulmones que no superaban el tamaño del interior de tu palma.

Muchos creyeron que era el Mesías, pero tal vez solo una persona lo sabía sin sombra de duda. Su nombre era María. Jamás había «conocido» a un varón, pero acurrucaba en sus brazos a un hijo que acababa de salir de su cuerpo. Fue testigo de la obra de Dios en maneras que superan lo que está escrito. Entre las líneas de Lucas 2, se encuentran experiencias increíbles. Imagina la primera vez que Dios gateó. La primera vez que dijo «mamá». La primera vez que se golpeó la cabeza. El primer sorbo que tomó de una taza. En toda una vida, María no hubiera podido expresar todas las maneras en que experimentó a Dios.

Lucas 2:19 registra la práctica de una madre: «María, por su parte, guardaba todas estas cosas en su corazón y meditaba acerca de ellas». Se aferró a cada momento para atesorar la vida. La palabra «meditar» es *sumballo*, que describe la acción de tomar muchas cosas, colocarlas juntas y considerarlas como una.[13] María sostenía al Cristo niño cerca de su pecho y permitía que su mente vagara por los sucesos del año anterior: su hogar humilde, la repentina aparición y divina proclama del ángel, la visita a Elisabet, la cara de sus padres cuando les contó la noticia, los rumores, la reacción de José, cómo se sintió cuando él le creyó al ángel y vino a buscarla. El penoso viaje a Belén. Los primeros dolores de parto. El temor a no encontrar lugar donde dar a luz. El dolor. El gozo.

Cada experiencia como una parte del todo. ¿Qué las mantenía unidas? La fidelidad de Dios. Él participaba íntimamente de cada pieza del rompecabezas.

¿Qué te trae hoy a ese lugar? Dios te trajo a este punto como a María, a través de una mezcla de placer y dolor, fe y vista, preguntas y certezas. Por unos instantes, reflexiona en los principales sucesos que Dios ha unido para traerte a este punto en tu travesía espiritual. Medita en los últimos diez años de tu vida. Identifica cinco piezas principales del rompecabezas que Dios ha unido para hacerte lo que eres hoy.

Para apreciar la obra de Dios en nuestra vida a través del placer y el dolor, debemos entender que piensa Él en términos de una totalidad. De lo completo. De pedazos que finalmente encajan juntos como una sola cosa. La vida es un poquito más fácil cuando adoptamos Su perspectiva. *Sumballo*.

Mira cada pieza de tu vida como parte de un total. ¿Dios ha sido fiel? Luego, atesora estas cosas. Y medítalas en tu corazón.

Alabanza:

....

....

....

....

Arrepentimiento:

....

....

....

....

Reconocimiento:

....

....

....

....

Intercesión:

....

....

....

....

Súplica por mí misma:

....

....

....

....

Capacitación:

....

....

....

....

DÍA 61

«Iban caminando y conversando cuando, de pronto, los separó un carro de fuego con caballos de fuego, y Elías subió al cielo en medio de un torbellino.» 2 Reyes 2:11

Lectura bíblica: 2 Reyes 2:1-18

S i hace mucho que eres una creyente comprometida con el servicio, es probable que hayas disfrutado del tutelaje de un «Elías». Yo sí lo he disfrutado. Los «Elías» son regalos preciosos de Dios para nutrirnos en nuestras vidas espirituales. Los vemos como los favorecidos del Señor. Son aquellos que creemos que tienen una «entrada» especial con Dios. Son nuestros héroes, a quienes seguimos y a quienes llamamos en tiempos de crisis. Sin embargo, su rol más importante es el discipulado, no la dependencia; y por esa razón, nuestros «Elías» suelen ser solo temporales.

Algunas nos sentimos tristes o amargadas porque no estamos tan cerca de esta persona como solíamos estarlo. No comprendemos qué cambió. No queremos soltar lo que teníamos.

Eliseo tuvo terribles luchas con la naturaleza cambiante de su relación con Elías. Su tutor era su fortaleza. No podía imaginar el servicio sin Elías a su lado. Tenía tanto miedo de perderlo que lo seguía a todas partes. Una y otra vez, el joven siervo repetía: «No te dejaré» (2 Reyes 2:2, 4, 6).

Me pregunto si lo que verdaderamente quería decir era: «¡Prométeme que no me dejarás!». A veces, no estamos en condiciones de hacer esas promesas. Muchos intentaron advertirle a Eliseo que se preparara para la separación, pero él se negó a escuchar. Por último, cuando se vio obligado a oír la verdad, solo tenía una petición: «Te pido que sea yo el heredero de tu espíritu por partida doble»

(2 Reyes 2:9). Pidió la bendición de un primogénito, y Dios le concedió amorosamente su pedido.

Por más que Eliseo no quisiera soltar a Elías, la separación era inevitable. Los resultados revelan por qué Dios no nos deja para siempre a nuestros Elías. Mira la respuesta de Eliseo en el versículo 14: «¿Dónde está el Señor, el Dios de Elías?».

Verás, Eliseo había ligado la presencia del Señor en su vida a la presencia de Elías. Sin su mentor, ¿cómo podría encontrar a Dios? Hasta llegó a llamarlo el «Dios de Elías». ¿Cómo hubiera hecho Eliseo para descubrir que Dios era suyo, si Elías seguía teniendo su rol tan influyente en la vida del joven?

No es probable que Dios se lleve a tu Elías en un remolino, pero un cambio en la relación es prácticamente inevitable. A los bebés no les damos muletas. Les enseñamos a caminar. Cuando Dios ve que estamos listas para caminar, suele poner cierta distancia entre nosotras y la persona de la cual dependemos. Quiere mostrarnos que también es nuestro Dios.

Algunas veces, debemos renunciar a nuestros Elías, pero como Eliseo, podemos conservar un tesoro para siempre: el manto que dejan atrás. Todo lo que aprendimos de ellos. Cada recuerdo. La herencia de su fidelidad. Ese es nuestro manto.

No menosprecies el manto, porque es lo único que tienes. El manto fue lo que Dios siempre tuvo en mente.

Alabanza:

....

....

....

....

Arrepentimiento:

....

....

....

....

Reconocimiento:

....

....

....

....

Intercesión:

....

....

....

....

Súplica por mí misma:

....

....

....

Capacitación:

....

....

....

....

DÍA 62

«Nosotros, por nuestra parte, tenemos la mente de Cristo.» 1 Corintios 2:16b

Lectura bíblica: 1 Corintios 2:11-16; 3:1

En su primera carta a los corintios, Pablo hizo una declaración revolucionaria, casi inconcebible: «Nosotros, por nuestra parte, tenemos la mente de Cristo».

Es interesante que se dirigía a creyentes terrenales que se negaban a crecer. Como ves, el regalo de la mente de Cristo es para todo creyente, sin importar si alguna vez la reconocemos o la usamos. Cuando recibimos al Señor, el Espíritu Santo entró a morar en nuestra vida. No dejó ninguna parte de sí atrás. Recuerda, el Espíritu Santo es una persona. Se mudó con «pies» invisibles para dirigirnos en nuestro caminar con Dios, con «manos» para moverlas a través de las nuestras y darnos poder para servir, y con Su corazón para poder avivar la pasión dentro de nosotras y equiparnos con amor sobrenatural.

Sin embargo, a diferencia de algunos pensamientos populares, el Espíritu Santo no es solo una presencia que siente y hace en nosotras. También proporciona el cerebro que está detrás de la operación. Se mueve en nosotras con la mente de Cristo.

Los que han recibido a Cristo tienen la capacidad de comprender las verdades de Dios. Tenemos la habilidad de procesar información demasiado complicada para los intelectuales más brillantes, y una creatividad innata que supera a la del artista más talentoso. Poseemos el potencial para comprender más de lo que entiende el consejero más sabio. Tenemos la mente de Cristo.

A la par, tenemos la mente de la carne, así como seguimos teniendo nuestro cuerpo natural aunque nos hemos convertido en criaturas espirituales. Todavía poseemos nuestras viejas maneras de pensar. Somos personas con dos mentes, desafiadas día a día a escoger cuál reino prevalecerá. Es probable que un día pensemos como Cristo y al siguiente, como el viejo hombre de pecado.

¿Qué haremos? El versículo 14 contiene la clave. Las cosas del Espíritu provocan los pensamientos del Espíritu. Cuando aceptamos «lo que procede del Espíritu de Dios», comenzamos a discernir verdades que trascienden la mente natural. La Palabra de Dios, la oración y el pueblo de Dios son cosas del Espíritu. Nos hacen pensar con la mente de Cristo.

Cuanto más participamos en las cosas del Espíritu, más comenzamos a pensar como el Espíritu: a amar lo que Él ama, a detestar lo que detesta, a sufrir por lo que lo lastima, a regocijarnos en lo que lo entusiasma. Algunas veces, la comprensión llegará a nosotras sin las palabras adecuadas para expresarla; verdades espirituales sin palabras físicas. Nos sentimos de manera diferente porque pensamos diferente. Estas son evidencias de la mente de Cristo en nosotras.

Amada, desentraña este milagro. Somos seres finitos de frágil carne humana, ocupados por el Espíritu del Dios sobrenatural, todopoderoso, omnipresente y omnisciente. Es inconcebible, a menos que pienses con la mente de Cristo.

Comencemos a pedirle cada día a Dios que active la mente de Cristo en nosotras, de modo que, como el gran apóstol Pablo, podamos comprender sobrenaturalmente «lo que por su gracia él nos ha concedido». ¡Ah, cuánto cambiará nuestra vida!

Alabanza:

....

....

....

....

Arrepentimiento:

....

....

....

....

Reconocimiento:

....

....

....

....

Intercesión:

....

....

....

....

Súplica por mí misma:

....

....

....

....

Capacitación:

....

....

....

....

DÍA 63

«... el fruto de la justicia se siembra en paz para los que hacen la paz.» Santiago 3:18

Lectura bíblica: Santiago 3:13–4:1

Los pacificadores bíblicos no son aquellos que viven en negación o con úlceras en el estómago por tratar de mantener felices a todos. Los pacificadores bíblicos son personas que están en paz con la autoridad de Dios y dispuestas a traer una presencia de paz a su entorno. A este mundo le vendrían bien algunos pacificadores saludables más.

Santiago 4:1 hace una pregunta apremiante: «¿De dónde surgen las guerras y los conflictos entre ustedes?». El conflicto es una parte innegable de la condición humana. Hasta cierto grado, existe en todas las iglesias, hogares y lugares de trabajo. No siempre tendría que terminar en peleas y discusiones, pero suele hacerlo, porque la gente se resiste a asumir la responsabilidad de sus contribuciones personales al conflicto.

Me temo que, hoy en día, existe la tendencia a paralizar nuestra capacidad para responsabilizarnos de nuestras acciones. Tendemos a culpar a otros por nuestra conducta. Parece que creyéramos que «todo problema que tengo es culpa de otro».

Hace poco, me sentía frustrada porque alguien se olvidaba repetidamente de entregar alguna información que necesitaba para un estudio bíblico. De corazón, apreciaba a esta persona, así que traté una y otra vez de ser paciente mientras la fecha de entrega se me venía encima. Finalmente, me enojé, porque me puso en la posición de tener que confrontarlo.

Cuando finalmente reuní el valor, la respuesta del hombre me desarmó por completo. Me miró directo a los ojos y me dijo: «Lo lamento, Beth. Me equivoqué». Quedé tan sorprendida ante su disculpa sin excusas, que dentro de mí se desintegró cada partícula de enojo. Sonreí y dije: «Está bien. Apuesto a que podemos solucionarlo».

Durante días, pensé en su respuesta y decidí que quiero ser la clase de persona que de inmediato dice: «Lo siento». Nada de excusas.

Una manera crucial de convertirnos en agentes de paz es asumir la responsabilidad de nuestros errores, de nuestras contribuciones al conflicto. Vuelve a leer Santiago 3:13. El escritor nos recuerda que quien es «sabio y entendido» lo demostrará «mediante obras hechas con la humildad que le da su sabiduría». Para pedir perdón se requiere humildad. Por naturaleza humana, no queremos que los demás sepan que nos equivocamos. Deseamos que se nos vea bien. Finalmente, la sabiduría nos enseña que quienes se responsabilizan de sus errores y pueden decir «lo lamento» sin sofocarse son aquellos que no solo se ven bien, sino que son buenos. Santiago 3:18 (NTV) afirma que ellos:«recogerán una cosecha de justicia».

He descubierto que las dos problemáticas palabras «lo lamento» no son tan difíciles de decir si las largo rápidamente. Cuánto más espero, peor sabor tienen. Comienza a practicar esta semana. Díselas a tus hijos si estás malhumorada. Díselas a un compañero de trabajo si no has cumplido. Díselas a un amigo si lo has hecho esperar.

Dilas. Dilas. Dilas. Y cosecha un poco de paz.

Alabanza:

....

....

....

....

Arrepentimiento:

....

....

....

....

Reconocimiento:

....

....

....

....

Intercesión:

....

....

....

....

Súplica por mí misma:

....

....

....

....

Capacitación:

....

....

....

....

DÍA 64

«Hermanos, sigan todos mi ejemplo, y fíjense en los que se comportan conforme al modelo que les hemos dado.» Filipenses 3:17

Lectura bíblica: Filipenses 3:17-21

En julio de 1969, fuimos testigos de un suceso increíble. Mudos de asombro, vimos cómo el hombre ponía un pie en la luna. Neil Armstrong usó las primeras botas que levantaron polvo lunar.

Este hombre no era el candidato más probable para este honor; era el primer civil que entraba en el programa de entrenamiento para astronautas. Luego de su histórico viaje, nunca regresó a la luna. Pero en realidad, no importó. En la actualidad, sus huellas permanecen. En la luna, no hay viento ni lluvia que las borre. Hasta que Dios mismo las borre, las huellas de Armstrong están a salvo en aquella superficie distante.

En el planeta Tierra, no tenemos esas condiciones. Aquí las huellas no duran mucho. El apóstol Pablo dejó huellas marcadas en la Palabra de Dios, pero mediante la inspiración del Espíritu, llama a los demás a dejar marcas para que los futuros residentes sigan.

Una y otra vez en la Escritura, Dios llama a Su pueblo a ser fiel para enseñarle a todas las generaciones Sus principios. No llama solo a los padres a que enseñen a sus hijos. Apela a toda la generación presente de Su pueblo que ha recibido el llamado a enseñar a los que siguen.

Nadie puede discutir que la siguiente generación corre un gran peligro. Es poco probable que nuestros jóvenes abran la Escritura y sigan el ejemplo del apóstol, a menos que se hayan sentido personalmente desafiados por un ejemplo vivo y que esté en acción.

Muchos hombres y mujeres del pasado dejaron «marcas» para que otros sigan. Para algunas de nosotras, Tozer, Corrie Ten Boom y Spurgeon son nombres conocidos, pero pocos jóvenes saben quiénes son estos autores. Los vientos del tiempo están soplando. Las fieles huellas de estas personas se están desvaneciendo, tal como Dios lo planeó. Él no nos ha dado el lujo de depender de los gigantes del pasado; quiere que cada generación deje huellas frescas para que la próxima las siga. Ahora nos toca a nosotras. Nuestros jóvenes están desesperados por ejemplos de creyentes apasionados y auténticos.

¿Puedes pensar en unos cuantos candidatos que dejen huellas frescas? Olvídalos. Te lo pregunto a ti. ¿Caminarás en fe, te harás notar y permitirás que tus pies dejen huellas para que otros puedan seguir a Cristo?

Supongo que Neil Armstrong no se sentía especialmente adecuado para dejar las primeras huellas en la luna. Cuando Billy Graham se encontró con su primer presidente, es probable que no se haya sentido competente para aconsejar al hombre más poderoso del mundo. Mientras la Madre Teresa contemplaba el interminable mar de pobreza de la India, no puedo imaginar que se haya sentido muy competente para ayudar. Sin embargo, cada uno de ellos dejó huellas que continúan influyendo profundamente a sus generaciones.

No tenemos que comenzar haciendo algo sobresaliente. Sencillamente comienza a dar buenos ejemplos de manera más deliberada. No es nuestra responsabilidad mirar atrás y ver quién nos sigue, sino dejar huellas que valga la pena seguir.

¡Adelante! Levanta un poco de polvo. Esas botas fueron hechas para caminar.

Alabanza:

....

....

....

....

Arrepentimiento:

....

....

....

....

Reconocimiento:

....

....

....

....

Intercesión:

....

....

....

....

Súplica por mí misma:

....

....

....

....

Capacitación:

....

....

....

....

....

DÍA 65

«Como loco que dispara mortíferas flechas encendidas,
es quien engaña a su amigo y explica:
"¡Tan sólo estaba bromeando!".» Proverbios 26:18-19

Lectura bíblica: Proverbios 26:18-19; Santiago 3:2-6

« Los palos y las piedras podrán romper mis huesos, pero las palabras jamás me lastimarán». Quien haya dicho eso por primera vez, mintió. La mayoría de las personas pueden olvidar los huesos rotos antes que las palabras hirientes.

Todas podemos recordar alguna palabra hiriente o desconsiderada que nos hirió. Lo que es peor aún, podemos recordar haber herido a otro por algo que dijimos. Tal vez nos arrepentimos de inmediato. Incluso es probable que no hayamos pensado en lo que decíamos. O tal vez sí, pero por cierto, no queríamos que la persona de la que hablábamos lo oyera.

Nuestra boca se descontrola como un tren desenfrenado, con resultados similares. En un momento, somos el centro de atención y nos vamos de boca. A continuación, nos enteramos de que la persona aludida sabe lo que dijimos. Como el escritor de Proverbios 26, algunas veces decimos: «¡Estaba bromeando!». Tal vez. No obstante, la persona herida nunca olvida que fue la destinataria.

La Palabra de Dios enseña que aquel que puede domar su lengua puede controlar todo el cuerpo. En realidad, si leemos el pasaje de Santiago con atención, podemos deducir con seguridad que una lengua domada es una de las principales características del cristiano maduro. ¿Por qué será que este bendito músculo oral es una de las últimas fronteras que le permitimos conquistar a Cristo?

Fuera del control del Espíritu, la lengua es peligrosa. Las palabras se frotan unas con otras como ramitas. Una chispa se convierte en llama y, a medida que los demás se enteran, la llama rápidamente adquiere la magnitud de un incendio forestal. Comienza el destructivo juego de ver quién llega primero mientras abanicamos las llamas del otro. Con seguridad, alguno se quemará. Las heridas no sanan fácilmente (ni con rapidez) y, por lo general, quedan cicatrices.

En los últimos días, noté que tres personas diferentes, en distintas conversaciones, repitieron palabras que alguien les había dicho años atrás. En todos los casos, las palabras seguían doliendo. Ese es el problema con el fuego; se necesita mucho tiempo para que el bosque vuelva a crecer.

Tristemente, los cristianos no se diferencian demasiado del resto del mundo en lo que respecta a la lengua. Santiago 3:9 declara: «Con la lengua bendecimos a nuestro Señor y Padre, y con ella maldecimos a las personas, creadas a imagen de Dios». Muchas veces, criticamos al predicador antes de llegar al coche luego de la reunión del domingo.

La Palabra de Dios dice que la lengua es una soplona. «El que es bueno, de la bondad que atesora en el corazón produce el bien; pero el que es malo, de su maldad produce el mal, porque de lo que abunda en el corazón habla la boca» (Lucas 6:45). En otras palabras, lo que decimos revela lo que hay en nuestro corazón.

Permitamos que Dios llegue al meollo de la cuestión y nos sane de nuestra piromanía verbal. Son palabras duras, pero una lengua ardiente no se sofoca fácilmente.

Hoy, permite que Dios use Su Palabra como un balde de agua.

Alabanza:

Arrepentimiento:

Reconocimiento:

Intercesión:

....

....

....

....

Súplica por mí misma:

....

....

....

....

Capacitación:

....

....

....

....

DÍA 66

«Si uno de los miembros sufre, los demás comparten su sufrimiento; y si uno de ellos recibe honor, los demás se alegran con él.» 1 Corintios 12:26

Lectura bíblica: 1 Corintios 12:21-27

Algunos de nuestros miembros sufren; me refiero a verdadero sufrimiento. Muchos observadores bien informados están convencidos de que vivimos en la era de mayor persecución cristiana de toda la historia. Sorprendente, ¿no? Nunca antes tantos cristianos han sido perseguidos por sus creencias. Se estima que entre 200 y 250 millones de cristianos están en riesgo. Como están tan lejanos de nuestra experiencia diaria, muchas veces no reconocemos que estos cristianos son parte del Cuerpo.[14]

Varios libros recientes y alarmantes contienen testimonios de testigos oculares del terrible sufrimiento de cristianos en manos de sus perseguidores. Aunque a veces experimentamos persecuciones moderadas, como que nos ignoren y no nos asciendan en el trabajo, en otros países, los creyentes en cantidades horrorosas son encarcelados, torturados y ejecutados. Algunas veces, a los padres creyentes les quitan a los hijos como castigo por su fe. A estos niños se los obliga a ser esclavos (o cosas peores). En nuestra generación, hay personas cuyos nombres nunca conoceremos, que han soportado que les quiebren un miembro o les quemen la piel por negarse a renunciar al nombre de Cristo.

El libro de la vida del Cordero registra a cientos de miles de fieles seguidores que han dado sus vidas por la causa de Cristo. Mi corazón se dolió profundamente al leer las palabras de un abogado judío norteamericano que hace todo lo posible por alertar a la gente influyente sobre esta persecución. Su recuerdo de los crímenes nazis contra los judíos enciende su preocupación por los cristianos perseguidos. No puede comprender por qué los cristianos estadounidenses parecen insensibles y ajenos al sufrimiento de sus compañeros de fe. Podemos ofrecer una razón, pero no excusar nuestra falta de preocupación; estamos desinformadas.

Estos creyentes que sufren son nuestros hermanos en Cristo. Colosenses 2:19 nos dice que Cristo es la Cabeza y «por la acción de ésta, todo el cuerpo, sostenido y ajustado mediante las articulaciones y ligamentos, va creciendo como Dios quiere». Alabado sea Dios, el «cuerpo» está creciendo; pero sufre por ligamentos desgarrados. Nuestros «conectores» son débiles. ¿Cómo podemos fortalecer los ligamentos? ¡La clave es la ORACIÓN!

¡Ah, si Dios aumentara nuestro sentido de conexión con los creyentes de todo el mundo! Son parte de nosotras. Muchos sufren terriblemente. ¿Permitiremos que impregnen nuestros pensamientos y nos hagan derramar una lágrima o dos? Podemos doblar las rodillas, presentar nuestra preocupación en intercesión y ponernos en la brecha por ellos. Cristo actuará como resultado directo de la oración intercesora. Pasaremos la eternidad con esta gente. Un día, se enterarán de que nos preocupamos. Oiremos sus testimonios y seguramente pensaremos: «¡El mundo no merecía gente así!» (Heb. 11:38).

Amada, ponte como prioridad estar informada. Preocúpate. Ora. Fortalece los ligamentos.

Alabanza:

....

....

....

....

Arrepentimiento:

....

....

....

....

Reconocimiento:

....

....

....

....

Intercesión:

....

....

....

....

Súplica por mí misma:

....

....

....

....

Capacitación:

....

....

....

....

DÍA 67

«Y como no tenían tiempo ni para comer, pues era tanta la gente que iba y venía, Jesús les dijo: —Vengan conmigo ustedes solos a un lugar tranquilo y descansen un poco.» Marcos 6:31

Lectura bíblica: Marcos 6:7-13, 30-32

Descubrimos gran sabiduría al aprender cuándo retirarnos con Dios. No me refiero a un retiro de oración dedicado a intercesión intensa o a una conferencia para creyentes dedicada a profundizar el crecimiento espiritual. Aunque ambos ejemplos aumentan nuestra madurez espiritual, hablo de una clase diferente de retiro: el retiro «original».

Los discípulos habían estado en el camino predicando, echando fuera demonios, ungiendo a los enfermos con aceite y sanando a la gente en el nombre de Jesús. Aunque sus emprendimientos habían sido exitosos, Cristo pasó por alto su adrenalina, miró su cansancio y pronunció unas de mis palabras favoritas en el Evangelio de Marcos: «Vengan conmigo ustedes solos a un lugar tranquilo y descansen un poco».

Jesús no hablaba simplemente de una siesta. El término original del griego para «descansen» es *anapauo* que significa «dar descanso, quietud, recrear, refrescar».[15] Hablaba de una siesta y un partido de vóley en la playa, una caminata descalzos vadeando un arroyo, un vaso de limonada acompañado por historias graciosas junto con algunas risas, una caminata solos o una simple charla sin el objetivo de cambiar al mundo. RECREACIÓN. Sierva de Dios, de vez en cuando la necesitas, por orden de Jesús.

No creo que nuestro versículo hable de un viaje para esquiar con la familia, aunque por cierto, Dios honra una buena vacación familiar. Más bien, se refiere a momentos en los que

Cristo llama a sus esforzados siervos para que se recreen con Él y en Él. Esta clase de descanso es diferente a una vacación. La diferencia puede ser difícil de definir, pero es bastante fácil de discernir. Marcos 6:30-32 describe el refrigerio con resultados espirituales: una apreciación más profunda de Dios, una conciencia más aguda de Su presencia, un sentido de Su aprobación, un deleite en Su amor.

¿Quieres escuchar una verdadera buena noticia? El llamado de Cristo a la recreación no llega solo una vez en la vida. Vuelve a mirar la palabra original del griego para *descansen*. Esas tres primeras letras, *ana*, significan «nuevamente». En otras palabras, ¡Cristo llamó a Sus discípulos a descansar, recrearse y encontrar refrigerio en Él nuevamente!

Mientras lo servimos con todo nuestro corazón, de tanto en tanto, Cristo nos atrae hacia un lugar de descanso y refrigerio. No tenemos que predicar de pueblo en pueblo, echar fuera demonios ni sanar enfermos para cumplir con los requisitos para un descanso. Dios honra nuestra disposición sincera para servirlo en cualquier tarea que nos haya señalado.

Cuando estamos exhaustas, nos llama a descansar. Solo debemos concedernos un poquito de permiso. Dios no quiere que trabajemos hasta agotarnos; desea que estemos bien ancladas en nuestro trabajo. Saber cuándo retirarnos a descansar nos ayuda a definir la diferencia.

Alabanza:

....

....

....

....

Arrepentimiento:

....

....

....

....

Reconocimiento:

....

....

....

....

Intercesión:

....

....

....

....

Súplica por mí misma:

....

....

....

....

Capacitación:

....

....

....

....

DÍA 68

«Muy breve es la vida que me has dado;
ante ti, mis años no son nada.
Un soplo nada más es el mortal.» Salmo 39:5

Lectura bíblica: Salmo 39

David practicaba lo que predicaba. En el Salmo 62:8, exhortó a los hijos de Dios diciendo: «ábrele tu corazón cuando estés ante él. ¡Dios es nuestro refugio!». David no era alguien que se guardaba lo que sentía. Era una mezcla maravillosa de pasión y expresión; por lo tanto, solía decir lo que sentía. El Salmo 39 es un ejemplo perfecto. Incluso comienza expresando las miserias de permanecer callado. Las preguntas y las frustraciones respecto a Dios lo habían abrumado hasta que le ardía el corazón en el pecho y «[tuvo] que decir» con su lengua (v. 3). El resto del salmo registra los pensamientos atribulados de David. Amaba a su Dios y confiaba en Él tan por completo que sabía que no lo echaría de Su presencia por liberar en palabras el dolor de su corazón.

El tema de su pasión en este versículo en particular era la fragilidad de la vida. ¿Cuándo fue la última vez en que te recordaron lo frágil que es la vida? Es muy probable que las circunstancias fueran perturbadoras y que tuvieran relación con la pérdida de algún ser querido. No tenemos manera de saber qué encendió las repentinas y fuertes emociones de David respecto a la fragilidad de la vida, pero cuando la chispa se convirtió en un fuego abrasador, supo que Dios podía soportar ese calor. Su corazón ardía al lanzar las palabras: «Muy breve es la vida que me has dado; ante ti, mis años no son nada. Un soplo nada más es el mortal».

David tenía razón respecto a la brevedad de la vida, pero estaba equivocado si creía que cada milisegundo de su vida no hacía tic-tac como un metrónomo en el corazón de Dios. Es cierto que nuestras vidas son un soplo, pero no un soplo nada más. Tal vez lo más importante es que nuestra vida no es el soplo del hombre, sino de Dios. Nuestras vidas están en Sus manos, en todo el sentido de la palabra.

• El Salmo 37:24 declara: «podrá tropezar, pero no caerá, porque el Señor lo sostiene de la mano».

• El Salmo 139:9-10 afirma: «Si me elevara sobre las alas del alba, o me estableciera en los extremos del mar, aun allí tu mano me guiaría, ¡me sostendría tu mano derecha!».

• Isaías 49:16 dice: «Grabada te llevo en las palmas de mis manos; tus muros siempre los tengo presentes».

• Éxodo 33:22 expresa: «Cuando yo pase en todo mi esplendor, te pondré en una hendidura de la roca y te cubriré con mi mano, hasta que haya pasado».

Es cierto, nuestras vidas son un soplo; el soplo de Dios. En el momento en que somos concebidas, tenemos la huella de Su pulgar sobre nosotras, y la marca de Su dedo meñique cuando partimos. Cada momento en el medio, Su amor nos resguarda. Cada momento en que creemos, Su sangre nos cubre. Y cuando exhalamos el último suspiro, si somos suyas, nos envuelve en Sus brazos y nos lleva a salvo al hogar.

Alabanza:

....

....

....

....

Arrepentimiento:

....

....

....

....

Reconocimiento:

....

....

....

....

....

Intercesión:

....

....

....

....

Súplica por mí misma:

....

....

....

....

Capacitación:

....

....

....

....

....

DÍA 69

«Señor y Dios, ¿quién soy yo, [...] para que me hayas hecho llegar tan lejos?» 2 Samuel 7:18b

Lectura bíblica: 2 Samuel 7:1-22

En nuestra búsqueda cristiana por llegar más lejos, tendemos a pasar por alto hasta dónde hemos llegado. Pocas cosas nos desmotivan más que tratar de avanzar cuando sentimos que no nos hemos movido del lugar. ¿Cuándo fue la última vez que tus ojos se abrieron de repente y vislumbraron algún crecimiento? ¡Es gloriosamente apropiado saborear esa repentina comprensión del progreso con Aquel que lo dio! Dios desea que celebres con Él el progreso, tal como lo hizo David.

La respuesta de David a la bondad del Señor revela algunas razones evidentes por las que era un hombre conforme al corazón de Dios (ver 1 Sam. 13:14). ¡Como para no ser la niña de Sus ojos! (ver Sal. 17:8). Cuando rendimos apasionadamente nuestro corazón al Señor, la comprensión de lo lejos que hemos llegado suele despertar repuestas similares en nosotras. Destaquemos algunas:

Intimidad: Fíjate que David no procuró audiencia con ningún otro. Salió de la presencia de Natán y «se presentó ante el Señor» (2 Sam. 7:18). Antes de celebrar con otros (aquellos con corazones conformes al de Dios) las inesperadas bendiciones del Señor, búscalo primero a Él.

Humildad: ¿La idea de celebrar el progreso con Dios te parece arrogante? ¡Solo si nos apropiamos del reconocimiento! David se sentía completamente humillado por la bondad de Dios. Ni siquiera se mantuvo de pie en Su presencia mientras celebraba. Demostramos orgullo cuando hacemos gala de nuestros logros como si fueran atuendos multicolores delante de los que todavía no los han alcanzado.

Estima por la soberanía de Dios: Fíjate en el título adecuado que David le atribuyó a Dios: «Señor y Dios». El salmo 115:3 describe adecuadamente la soberanía de Dios: «Nuestro Dios está en los cielos y puede hacer lo que le parezca». La manera en que David se acercaba al Señor revelaba la actitud de su corazón: «Por tu soberanía, estoy donde estoy hoy. Yo no tengo nada que ver».

Deleite: ¡A todos nos encanta hacer algo especial por alguien que responde con gratitud y entusiasmo! ¿Puedes imaginar lo bendecido que se siente el corazón de Dios cuando estamos sorprendidas y emocionadas por Su bondad? Nuestro deleite en Su obra maravillosa enternece Su corazón y hace que se goce en bendecirnos.

Reconocimiento: Tal vez uno de los objetivos principales de Dios es traernos a un lugar donde exclamemos con gozo: «¡Qué grande eres, Señor omnipotente! Nosotros mismos hemos aprendido que no hay nadie como tú, y que aparte de ti no hay Dios».

¿Has llegado al lugar donde puedes declarar sincera y personalmente: «¡Dios, no hay nadie como tú!»? Entonces, amada, no importa dónde hayas estado, has llegado «hasta aquí». Dedica algo de tiempo hoy a tu bendito y soberano Señor. Siéntate delante de Él y celebra que te ha traído hasta aquí. Medita en Su bondad, en Sus incontables rescates, en Sus tiernas misericordias. Permite que te muestre algunas señales de tu progreso. ¿Recuerdas un tiempo no tan lejano, cuando la adoración y Su Palabra no eran prioridades? Deléitate en liberarte un poco del ensimismamiento.

Has llegado hasta aquí.
Celebra. Eres la niña de Sus ojos.

Alabanza:

....

....

....

Arrepentimiento:

....

....

....

....

Reconocimiento:

....

....

....

....

Intercesión:

....

....

....

....

Súplica por mí misma:

....

....

....

....

Capacitación:

....

....

....

....

DÍA 70

Lectura bíblica: Juan 6:1-15

En este planeta, hay millones de personas que mueren de hambre, tanto literal como espiritualmente. Podemos y debemos dar para aliviar los esfuerzos para alimentar a los pobres, pero hay algo mayor en juego: las almas hambrientas por el pan de vida. Como Dios no quiere que nadie perezca, colocó dentro de cada persona un hombre interior, un espíritu hambriento de Dios.

Tal vez las multitudes hambrientas y que sufren no puedan expresar lo que necesitan, pero nosotras sí. Debemos extender el mensaje de salvación. Tenemos que enseñar la Palabra de Dios. Se nos ha confiado esta generación.

Al día de hoy, aproximadamente 6000 millones de personas caminan, gatean o se arrastran sobre esta Tierra. Aunque 1000 millones se llaman cristianas, los cristianos nacidos de nuevo que creen en la Biblia representan un porcentaje mucho menor. Dios sabe cuál es el número exacto de aquellos que llaman a Jesús Señor. Él los ha hecho embajadores de Cristo, y les ha encargado que ofrezcan el Pan de vida a toda persona en todas las naciones. ¿Pero cómo es posible que unos pocos alcancen a tantos?

En efecto, Cristo le hizo la misma pregunta a Felipe en Juan 6:5, cuando unos pocos debían alimentar a muchos. «¿Dónde vamos a comprar pan para que coma esta gente?». El versículo siguiente es crucial: «Esto lo dijo sólo para ponerlo a prueba, porque él ya sabía lo que iba a hacer». Algunas veces, Cristo pone la misma pregunta en nuestra mente para instarnos a buscar en Él la respuesta.

Nuestra pregunta de hoy es: «¿Cómo me obedecerás y alcanzarás a las multitudes?».

Como Felipe, nos sentimos poco equipadas, superadas en cantidad e intimidadas. Muchas veces, nos sentimos tan abrumadas por semejante tarea mundial que ni siquiera lo intentamos. Sin embargo, Cristo ya tiene en mente cómo quiere alimentar a las multitudes: de la misma manera que lo hizo en Juan 6.

Cada vez que una persona solitaria le ofrece todo lo que tiene a Cristo, se produce un milagro. Puede parecerte que tienes muy poco, pero si le rindes todo a Él, finalmente tocará a multitudes de maneras que tal vez nunca sepas.

En Hechos 5, Ananías y Safira se levantan (¿o debería decir «se caen»?) en marcado contraste con el muchachito con los cinco panes y los dos pececitos. Tenían muchísimo y, sin embargo, ofrecieron muy poco. El niño tenía poco y, sin embargo, lo ofreció todo. Entonces Cristo lo bendijo y lo multiplicó. Y lo hará vez tras vez.

El relato de la alimentación de los 5000 concluye con las palabras de Cristo: «que no se desperdicie nada» (v. 12). Amada, cuando te rindes completamente a Cristo, nada se desperdiciará. Ni un agravio. Ni una tribulación. Ni una celebración. Ni un solo aliento en tu vida.

Un día, cuando Dios nos abrace, que pueda decir: «Esta hija no me negó nada». Una vida sin desperdicio. Date prisa.

Alabanza:

....

....

....

....

Arrepentimiento:

....

....

....

....

Reconocimiento:

....

....

....

....

Intercesión:

....

....

....

....

Súplica por mí misma:

....

....

....

....

Capacitación:

....

....

....

....

ORACIONES RESPONDIDAS

ORACIONES RESPONDIDAS

NOTAS

1. *The Complete Word Study Old Testament* (Chattanooga, TN: AMG Publishers, 1994), 2341.
2. Spiros Zodhiates et al., eds., *The Complete Word Study Dictionary: New Testament* (Chattanooga, TN: AMG Publishers, 1992), 921, 1154.
3. Ibídem, 920.
4. Ibídem, 299.
5. Ibídem, 457.
6. Ibídem
7. James Strong, *The Exhaustive Concordance of the Bible* (Nashville: Holman Bible Publishers, n.d.), 100.
8. Oswald Chambers, *He Shall Glorify Me* (London: Oswald Chambers Publications Association, 1946), 134.
9. Spiros Zodhiates, *The Complete Word Study Dictionary:* New Testament, 864.
10. Ibídem, 593-94.
11. Ibídem, 62.
12. Ibídem, 551.
13. Ibídem, 1326.
14. Paul Marshall, *Their Blood Cries Out* (Dallas: Word Publishing, 1997), 4.
15. Spiros Zodhiates, *The Complete Word Study Dictionary: New Testament*, 156.

PLAN DE ESTUDIO EN GRUPO

La oración y el estudio de la Palabra son actividades diarias y personales, pero puedes enriquecer en gran manera tu experiencia mediante una reunión semanal con un grupo de oración. Esta experiencia de oración conjunta produce beneficios extra de gran crecimiento, comprensión, responsabilidad y aliento espiritual.

Como no existe una manera mejor que otra para conducir un grupo de *Susurros de esperanza*, sugiero algunos principios y opciones para un plan de estudio grupal. Escoge el enfoque y el tipo de estructura que los ayuden a ti y a tu grupo a edificar una vida fiel de oración. Necesitarás clarificar dos cuestiones básicas. En primer lugar, ¿con qué grado de rendición de cuentas funcionará el grupo? Segundo, ¿el objetivo del grupo será la oración o la combinarán con una revisión del material para la semana?

La cuestión de la rendición de cuentas

La rendición de cuentas en un grupo ayuda a los miembros a mantener su compromiso con una creciente vida devocional. El encuentro grupal en sí puede ayudarnos a muchas a desarrollar fidelidad y a pasar tiempo con Cristo. Creo firmemente en un sistema de rendición de cuentas. Necesito hermanas que me pregunten puntualmente sobre mis compromisos y mi vida devocional.

Encontrarás personas que tienen luchas con la continuidad en su vida de oración. Nos cuesta mucho menos salir de la cama y doblar nuestras rodillas si sabemos que se nos pedirá que rindamos cuenta de nuestra fidelidad. Aliento a tu grupo a que francamente conversen en la primera reunión y establezcan el grado de responsabilidad que los miembros esperan unos de otros. El grupo puede alentar a cada miembro a desarrollar la disciplina de la oración diaria al practicar uno de los niveles de rendición de cuentas descritos a continuación.

Responsabilidad grupal: La responsabilidad puede ser una función regular de la reunión del grupo. Cada miembro sabe que, como parte habitual de la reunión, tendrá que dar un breve informe de sus éxitos y fracasos en su experiencia devocional de oración y de anotaciones diarias.

Compañeras de rendición de cuentas: Para aumentar el nivel de responsabilidad, divide el grupo en pares. Cada persona tendrá una compañera a la cual tendrá que rendirle cuentas. Como parte habitual de cada reunión semanal, planea un tiempo en el que las compañeras se rindan cuentas sobre su fidelidad y sus luchas con respecto al tiempo de oración.

Compañeras de rendición de cuentas más un llamado telefónico diario. Para alcanzar el nivel más poderoso de responsabilidad, divide el grupo en pares con la consigna de que se llamarán por teléfono todos los días. Además de confirmar sus tiempos de meditación, las compañeras pueden orar juntas por teléfono. En las sesiones de grupo, las compañeras pueden orar juntas, o puedes tener un informe grupal como en la primera sugerencia.

Liderar un grupo de *Susurros de Esperanza*

Para comenzar, para seguir y siempre: ora por tu grupo y por tu liderazgo. Dios puede guiarte a conducir el grupo de una manera totalmente diferente a lo que recomendé. Puedes usar algunas o todas estas recomendaciones en tu grupo.

Concéntrate en dos áreas: sé sensible al Espíritu Santo y a Su guía para el grupo, y permanece atenta a las necesidades del grupo. ¿Qué ayudará a sus miembros a desarrollar una fuerte relación con Cristo?

Susurros de Esperanza es un diario de oración para todos los días. Mi propósito al escribir ha sido ayudar a las mujeres a desarrollar vidas de oración más efectivas. Decide si tu grupo enfatizará la oración, o la oración y el estudio. Juntarse nada más, sin un propósito claramente determinado, invita a problemas. Mi experiencia con grupos sugiere que necesitas determinar el objetivo del grupo.

Si tienes un grupo de guerreras de oración disciplinadas, considera la oración como el único propósito. Un grupo así se reunirá para pasar tiempo en oración. El objetivo no será el estudio o el repaso. Por cierto, querrás evitar todo lo que le reste tiempo a la oración. Tu grupo sencillamente se encontrará para orar. Ten cuidado con las distracciones que te alejan del tiempo con Dios. No pasen el tiempo hablando sobre la oración... ¡OREN!

Si quieres más sugerencias para un grupo con el propósito principal de orar, lee *In God's Presence* [En la presencia de Dios], de T. W. Hunt y Claude V. King. Si optas por un grupo netamente de oración, puedes pasar por alto mis sugerencias respecto a un formato de estudio. Si combinas la oración con el estudio, escoge alguno de los siguientes enfoques:

Un grupo centrado en el contenido: Conduce al grupo a conversar sobre algunas de las maneras en que Dios les ha hablado a los miembros durante la semana a través de las meditaciones y las anotaciones. La meditación de cada día trata un tema diferente. Sin releer las meditaciones en el grupo, repasa el tema de cada día. Puedes recordar rápidamente el tema si lees las primeras y últimas líneas de la mayoría de las lecciones. Dedica algunos minutos a conversar sobre cada meditación. Haz preguntas como estas:

- ¿De qué manera este mensaje desafía tu pensamiento o conducta?
- ¿Cómo impacta tu relación con Cristo?
- ¿Qué debes hacer en respuesta a este mensaje?

Tal vez descubras que tu grupo automáticamente tiene mucho de qué hablar durante el tiempo de reunión. Procura mantener la concentración en lo que están aprendiendo y en lo que Dios está haciendo en sus vidas.

Un grupo centrado en el formato: Concéntrate cada semana en un aspecto diferente del formato indicado para el tiempo de oración: Alabanza, arrepentimiento, reconocimiento de Su autoridad, intercesión, súplica y capacitación.

Puedes formular preguntas sobre cada aspecto para discutir en grupo o usar preguntas estándar como las siguientes. Durante las semanas sucesivas, reemplaza «alabanza» por «arrepentimiento del pecado», «reconocimiento de Su autoridad», etc.

1. ¿Qué impacto ha tenido la alabanza esta semana en tu relación con Dios?
2. ¿Cuándo se convirtió la alabanza en una parte habitual de tu relación con Dios?
3. Describe tu experiencia más significativa con la alabanza.
4. ¿De qué manera necesitas crecer en la alabanza a Dios?
5. ¿Qué beneficios experimentas al alabar regularmente a Dios?

Un grupo centrado en la aplicación: Este enfoque se concentra en aplicar a la vida el estudio y la oración semanal con un énfasis especial en capacitarse para el ministerio y el servicio. Explica a los miembros que, durante las sesiones de grupo, cada uno contará cómo Dios lo ha equipado durante la semana. Como en el grupo centrado en el contenido, repasa brevemente el tema de cada día, pero hazlo enfatizando las últimas secciones donde se escribe. Pregunta:

1. ¿Cómo usa Dios este concepto, principio o verdad para capacitarte para una vida que honre más a Cristo?
2. ¿Cómo usa Él esta idea de equiparte para un servicio más efectivo?
3. En esta área de la vida, ¿qué necesitas para ser lo que Cristo espera?

Al participar de un grupo, oro para que desarrolles un amor, una confianza y una relación de mayor obediencia con Cristo. Deseo que crezcas en entendimiento, pero más importante aun, que te enamores más y más profundamente de nuestro Salvador. Que llegue el día en que estemos dispuestas a sacrificar cualquier cosa que no sea nuestro tiempo con Él.

SOBRE LA AUTORA

A los 18 años, **Beth Moore** se dio cuenta de que Dios la llamaba al ministerio cristiano. Mientras se hacía cargo de una cabaña de niñas de sexto grado en un campamento misionero, Dios le mostró de manera inconfundible que trabajaría para Él. Allí, Beth le concedió todos los derechos al Señor al que había amado desde la niñez. Sin embargo, se encontró con un problema: aunque sabía que era una «creación admirable», su carencia de talentos era terrible. Se escondió a puertas cerradas para descubrir si, de modo milagroso, había desarrollado una hermosa voz para cantar, pero los resultados fueron trágicos. Regresó al piano al que había dedicado años de infructuosa práctica, pero descubrió que el ruido no causaba gozo. Por último, aceptó que la única alternativa que quedaba eran las misiones en un país extranjero, así que adoptó una posición de mártir y esperó. Sin embargo, nada sucedió.

Segura todavía del llamado de Dios, Beth terminó su carrera en la universidad *Southwest Texas State University*, donde se enamoró de Keith. Luego de casarse en diciembre de 1978, Dios añadió a su hogar dos bendiciones: Amanda y Melissa.

Como si uniera las piezas de un rompecabezas de a una a la vez, Dios llenó el camino de Beth de personas que la apoyaron y que vieron algo que ella no podía ver. Usó individuos como Marge Caldwell, John Bisagno y Jeannette Cliff George para ayudarla a descubrir sus dones de oradora, maestra y escritora. Doce años después de su primer compromiso como oradora, esos dones se han esparcido por toda la nación. Su gozo y entusiasmo en Cristo son contagiosos; su profundo amor por el Salvador es evidente; su estilo como oradora es electrizante.

El ministerio de Beth se basa y alimenta en su servicio en la Primera Iglesia Bautista de Houston, Texas, donde forma parte del concejo pastoral y enseña en una clase de la escuela dominical a la que asisten más de 200 mujeres. Beth cree que su llamado es la alfabetización bíblica: guiar a los creyentes a amar y a vivir la Palabra de Dios. Ama al Señor, disfruta de reír y le encanta estar con el pueblo de Dios. Su vida está llena de actividad, pero un compromiso se mantiene constante: considerar todas las cosas como pérdida por la excelencia del conocimiento de Cristo Jesús, el Señor (ver Fil. 3:8).